어떤 죽음

경희대학교 인문학연구원
HK+통합의료인문학연구단
통합의료인문학문고 03

**죽음에 대한
인문학 이야기
연예인편**

어떤 죽음

이상덕
조태구
최성민
최우석

지음

도서출판 모시는사람들

어떤 죽음으로부터 어떤 생각을

경희대학교 인문학연구원 HK플러스 통합의료인문학연구단은 4차 산업혁명 시대 인간 중심 가치를 정립할 수 있는 통합의료인문학의 구축과 사회적 확산을 목표로 하여, 인간의 생로병사(生老病死)에 대한 인문학적 연구와 의료인문학의 대중화를 위한 활동을 해 오고 있습니다. 연구와 노력의 일환으로 학술총서와 교양총서를 발간 중입니다. 교양총서 시리즈로는 『코로나19데카메론』, 『코로나19데카메론2』를 발간한 바 있고, 교양문고 시리즈로 『화병의 인문학: 근현대편』, 『화병의 인문학: 전통편』을 발간하였습니다.

삶을 표현한 문학, 삶을 성찰하는 철학, 삶의 기록인 역사학, 이런 것들을 인문학(人文學)이라 합니다. 한마디로 인문학은 인간의 삶에 대한 학문입니다. 의료인문학은 사람이 살면서 겪게되는 질병에 초점을 맞춘 인문학 분야입니다. 마음과 육체의 질병은 자연스럽게 죽음으로 향하는 길목에 놓입니다. 그래서 의료인문학은 인간의 질병과 죽음, 더 나아가 인간의 생로병사(生老病死) 모두에 대해서 관심을 기울입니다.

세상의 모든 사람은 죽습니다. 죽음은 자연의 법칙이며 섭리입니다. 그러나 한 사람의 죽음은 한 생물학적 생명체의 소멸 이상의 의미가 있기 마련입니다. 한 사람의 죽음은 그 사람의 가족과 그를 기억하는 이들에게 슬픔을 안겨주곤 합니다. 때로 어떤 사람의 죽음은 한 시대의 종언(終焉)으로 기억되기도 합니다. 어떤 죽음은 사회와 대중에게 큰 파장을 미치기도 합니다.

이번에 펴내는 교양문고는 『어떤 죽음─죽음에 대한 인문학 이야기: 연예인편』입니다. 〈어떤 죽음〉 시리즈는 이 세상의 어떤 죽음을 인문학자의 관점으로 기억하고 성찰하는 이야기로 기획되었습니다. 죽음을 통해 그 사람을, 그 시대를, 그 사회를 생각해 보려 합니다. 죽음을 통해, 의료를 둘러싼 사회적 이슈들에 대해 생각해 보려 합니다.

〈어떤 죽음〉의 첫 시리즈인 '연예인 편'에서는 대중들의 사랑을 받으며 인기를 끌어 왔던 연예인들의 죽음을 다루었습니다. 가수 신해철, 배우 박주아, 가수 구하라, 희극인 박지선, 작곡가 이영훈, 가수 카렌 카펜터, 가수 오자키 유타카, 배우 장국영의 죽음을 기억하고 우리의 생각을 나누고자 합니다.

호랑이는 죽어서 가죽을 남기고 사람은 죽어서 '이름'을 남긴다는 얘기가 있습니다. 여기서 이름이란 그저 몇 글자 고유명사를 의미하는 것이 아닙니다. 이름은 그 사람의 명예이자 생애이며, 삶의 관계들이라 할 수 있습니다. 가까운 가족의 죽음이라면 말할 것도 없겠지만, 우리는 가끔 만난 적도 없는 유명인의 죽음을 접하며, 슬퍼지기도 하고, 숙연해져서 삶을 성찰하기도 합니다. 만난 적이 없어도, 우리는 그들과 멀리서 관계를 맺으며, 영향을 받으며 살아 왔기 때문일 것입니다.

이 책에서 다룬 여러 연예인들의 죽음은 대중들에게 슬픔과 충격을 안겨주기도 했습니다. 그들의 죽음을 통해 우리는 삶에 대해, 우리 사회에 대해, 그리고 우리 사회의 제도에 대해 성찰하는 기회가 생기기도 했습니다. 그들은 살아 있을 때, 좋은 음악과 연기로 우리 생의 감정들을 풍요롭게 했던 것처럼, 죽음으로도 우리의 생각과 성찰을 풍성하게 만들어 주었습니다.

가수 신해철은 2014년 가을, 의료 사고로 갑작스럽게 세상을 떠났습니다. 오랜만에 새로운 앨범을 내고 활동을 재개하고 있을 때였습니다. 어느 날 갑자기 그가 중태에 빠졌다는 소식이 전해졌습니다. 회복을 기원하는 마음이 모이고 있을 때쯤, 중태의 원인이 의료 사고가 아니냐는 의혹이 제기되었습니다. 결국 신해철은 회복하지 못하고 세상을 떠났습니다. 신해철의 사후 2년 뒤, 소위 '신해철 법'이라고 불리는 '의료사고 피해구제 및 의료분쟁 조정법' 개정안이 통과되었습니다. 그리고 다시 2년 여의 세월이 흐른 뒤, 대법원은 신해철의 집도의에게 과실치사와 의료법 위반 등의 혐의로 징역형을 확정했습니다. 다시 1년 뒤, 대법원은 유족이 청구한 손해배상청구소송에서 배상을 명한 판결을 확정했습니다.

푸근한 어머니 역할을 많이 맡았던 배우 박주아는 간단한 수술을 받으러 입원했다가 죽음에 이르렀습니다. 결과적으로 결코 간단하지 않았던 수술이었던 셈이지요. 혹시나 하는 생각에 공포감이 드는 수술동의서를 환자나 보호자가 쓰고 나면, 환자는 온전히 의사에게 자신의 목숨을 맡기는 셈입니다. 12시간이 넘는 길고 힘든 수술 끝에 환자의 목숨을 구하는 경우도 있지만, 그리 어렵지 않다는 수술 뒤에 다시 회복하지 못하는 경우도 있습니다. 전문적 지식이 부족한 환자나 보호자는 수술 내용에 대해서 충분히 이해하기 어렵습니다. 수술 중에 벌어질 수 있는 각종 사고와 위험성에 대해 상세한 설명을 듣고 이해하기도 어렵지만, 그것을 이해한다면 수술에 선뜻 동의하기가 꺼려

지는 것도 사실입니다. 의료인들은 환자에게 충분히 의료적 행위의 의미를 설명할 의무가 있고, 환자들은 그것을 듣고 스스로 판단을 할 권리가 있지만, 현실에서는 그 문제가 간단하지만은 않습니다. 환자는 병원에서의 치료와 수술에 대해 얼마나 이해할 수 있고, 얼마나 정확히 판단할 수 있을까요?

가수 구하라는 2019년 향년 28세의 이른 나이에 죽음을 맞이했습니다. 2008년 데뷔 이후, 밝고 열정적인 노래와 춤으로 한국은 물론 일본과 해외 팬들에게도 많은 사랑을 받아 온 것을 생각하면 너무나 안타까운 죽음이었습니다. 사망 1~2년 전부터, 구하라는 몇 가지 구설과 루머에 시달리고 있었습니다. 극심한 우울증을 겪고 있다는 얘기도 떠돌았습니다. 많은 이들의 걱정에도 불구하고, 구하라는 끝내 삶을 이어가지 못했습니다. 죽음 이후에도 그녀는 안식을 취하기 어려웠습니다. 어린 시절 돌봄에 소홀했던 친모가 유산을 분배 받으려 들면서 논란이 벌어졌습니다. 구하라의 사망 이후 여론이 비등한 끝에 양육 의무를 다하지 않은 부모가 자식의 유산을 받지 못하게 하는 이른바 '구하라 법'이 2021년 6월 국무회의에서 의결되었습니다. 이 민법 개정안은 국회에서 통과를 기다리고 있습니다만, 구하라의 친모 상속은 법 개정 이전에 이루어진 것이라 소급 적용되지는 않습니다.

개그우먼 박지선은 우리에게 많은 웃음을 주는 희극인이었습니다. 늘 밝은 웃음을 주던 그녀가 2020년 자신의 어머니와 함께 세상을 떠났습니다. 박지선과 어머니는 함께 숨진 채 발견되었고, 외부 침입이나 타살의 흔적 없었다고 전해집니다. 가족이 함께 살아간다는 것은 행복한 일이지만, 함께 죽는다는 것은 아마 가장 비극적인 일일 것입니다. 박지선의 경우처럼, 가족이 함께 목숨을 저버리는 경우가 종종 있습니다.

구하라와 박지선은 안타깝게 스스로 목숨을 저버린 여성 연예인이었습니다. 이들의 죽음에 대해 이야기하면서, 우리는 자살이 빈번한 우리 사회의 현실과 더불어, 그럼에도 불구하고 자살에 대해 언급하는 것이 조심스러울 수밖에 없는 이유를 살펴보았습니다. 그리고 두 연예인이 겪었던 심신의 고통과 그로 인한 죽음에 대해, 어쩌면 정반대의 대응을 한 그녀들의 어머니에 대해서도 생각해 보았습니다. 구하라와 박지선의 죽음 이야기를 통해, 가족의 진정한 의미는 무엇인지도 생각해볼 수 있을 것입니다.

이영훈은 가수 이문세의 수많은 히트곡을 만든 작곡가이자 작사가로 유명합니다. 이영훈의 노래 가사에서 가장 많이 등장하는 단어는 '사랑'과 '기억'입니다. 이루지 못한 옛사랑이 가슴 아픈 것은 기억 때문이겠지요. 우울했던 일도, 행복했던 일도 모두 슬픈 기억으로 남겨질 수 있습니다. 후회도 되고 화도 날 수 있습니다. 이영훈은 2006년 대장암 판정을 받고, 2년여의 투병 끝에 2008년 세상을 떠났습니다. 암 투병 끝에 죽음을 맞은 이영훈은 투병 기간 동안 자신의 홈페이지를 통해 팬들에게 여러 차례 글을 남겼습니다. 우리는 흔히 죽은 자는 말이 없다고 말하지만, 죽어 가는 사람의 말과 글이 남긴 여운이 여전히 그를 추억하게 합니다. 더군다나 그의 노랫말은 이문세에 의해, 그리고 또 다른 가수들에 의해 여전히 다시 불리고 있습니다. 녹음된 음반이나 음원은 언제든지 이영훈의 노래를 다시 소환합니다. 한 사람의 죽음 뒤에, 남겨진 흔적들과 기억들은 우리에게 어떤 의미로 남게 될까요? 사랑하던 사람과 이별 후에 남겨진 기억들과 비슷하고도 또 다르겠지요. 이영훈의 노래들, 그리고 그의 죽음을 통해 삶과 기억에 대해 생각해 보았습니다.

  카렌 카펜터는 미국 출신의 남매 밴드 카펜터즈의 드러머이자 보컬이었습니다. 독보적인 음색과 천재적인 재능을 갖춘 가수였던 그녀는 1970년대 초반, 전 세계적인 인기를 누렸습니다. 연예인에게 인기는 부와 명예를 안겨주지만, 동시에 엄청난 부담과 압박도 안겨줍니다. 카렌 카펜터는 대중들 앞에서 노래를 하기 시작하면서, 음식을 줄이고 체중 감량을 시작했습니다. 아름다운 모습으로 대중들에게 보이길 바랐기 때문이겠지만, 그녀는 결국 거식증과 섭식장애를 앓게 되었습니다. 그 여파로 결국 죽음에 이르렀습니다. 지금도 수많은 연예인들과 연예인 지망생들은 먹고 싶은 것을 먹지 못하고, 사생활과 취미 활동을 통제당하고 있습니다. 때로는 그 통제가 스스로 선택한 것처럼 보이기도 합니다. 다이어트는 자신 욕망을 스스로 통제하는 가장 대표적인 행위인 것도 사실입니다. 지나친 다이어트는 자신을 통제하는 것이 아니라 파멸시키는 결과에 도달하기도 합니다. 카렌 카펜터의 죽음은 대중의 인기를 얻어야 하는 상품이 되어 버린 연예인들이 처한 가장 비극적인 결말 중의 하나였을 것입니다.

일본의 인기 가수였던 오자키 유타카의 죽음도 가슴 아픈 일이었습니다. 오자키 유타카는 1980년대 일본에서 최고의 인기를 누린 가수였습니다. 지금은 전 세계적으로 K-POP으로 불리는 한국 대중음악의 인기가 높지만, 1980~90년대는 일본 대중음악 J-POP의 전성기였지요. 오자키 유타카는 J-POP 전성기를 선도한 레전드 가수였습니다. 우리나라에서 포지션이 리메이크하여 부르기도 한, 〈아이 러브 유(I Love You)〉는 아시아 전역에서 인기를 누렸습니다. 그러나 오자키 유타카는 26세의 젊은 나이로 세상을 떠났습니다. 사인(死因)은 폐수종(肺水腫)으로 알려졌지만, 정확히 어떤 이유로 죽음에까지 이르렀는지 여전히 불명확합니다. 오자키가 당시 겉으로 드러난 대중적 인기 뒤편에서 젊은 나이에 고뇌와 고독을 감당하며 위태로운 삶을 살고 있었던 것만은 분명해 보입니다. 오자키는 살아서 젊은이의 분노와 방황을 노래했고, 죽어서도 여전히 스물여섯 나이의 '젊은 가수'로 기억되고 있습니다. 흔히 과거의 기억은 미화된다고들 말합니다. 나이가 든 사람들이 청춘을 회상할 때 특히 그렇게 되곤 합니다. 그러나 청춘으로 살았고, 청춘으로 죽은 오자키 유타카를 통해, 미화된 젊음을 보게 될까요, 아니면 분노와 반항의 젊음을 만나게 될까요? 우리는 누군가의 죽음을 통해서, 각자의 기억과 시간을 구체화하여 떠올릴 수도 있을 것입니다.

홍콩 출신의 배우 장국영 역시 마찬가지였습니다. 그는 한국에서도 영화 〈영웅본색〉과 〈천녀유혼〉을 통해 큰 인기를 누렸습니다. 1989년에 찍은 초콜릿 CF도 아주 유명했습니다. 1993년 그가 주연을 맡은 영화 〈패왕별희〉가 칸 영화제 황금종려상을 받으면서, 장국영은 세계적인 톱스타의 반열에 올랐습니다.

그러나 장국영은 어느날 갑자기, 마흔 여섯의 젊은 나이로 세상을 떠났습니다. 특히 그가 세상을 떠난 날이 2003년 4월 1일, 만우절이었기 때문인지, 많은 이들은 그의 죽음 소식을 거짓이라고 믿고 싶어 했습니다. 그만큼 충격을 안겨주었던 것이지요. 장국영의 죽음은 자살로 알려져 있지만, 의문의 죽음이라고 말하는 이들도 있습니다. 알려진 바로는, 장국영은 우울증을 앓고 있었다고 합니다. 세계적인 톱스타도 피할 수 없는 것이 삶의 고통이었나 봅니다. 안타깝게도 꽤 많은 사람들이 고통에 못 이겨 죽음을 선택하기도 합니다. 그러나 죽음은 고통의 끝이 아니라 삶의 끝일 뿐입니다. 좋아하던 연예인의 죽음은 또 다른 누군가에게는 영원한 고통의 기억이 되기도 합니다. 훌륭한 배우는 매번 출연하는 영화의 역할마다 새롭게 태어난다고도 말합니다. 어쩌면 장국영은 공허하고 우울한 죽음이라는 역할을 자신의 마지막 연기로 택했는지도 모르겠습니다.

죽음은 한 생명의 끝이며, 남겨진 사람들에게는 그 무엇보다도 더 큰 고통과 슬픔을 안겨주는 사건이 됩니다. 이 책에서 언급한 이들 외에도 수많은 사람들의, 또 다른, 어떤 죽음도 그러했을 것입니다.

2020년 이후 약 20개월 동안, 세계에서 코로나19로 인한 사망자는 440만 명에 달합니다. 2014년 세월호 참사는 304명의 사망 혹은 실종자를 남겼습니다. 1950년부터 3년간 한국전쟁 중에, 수십 만 명의 군인과 수백 만 명의 민간인 사망자가 발생했다고 합니다.

2019년 한국에서는 1만 3천여 명이 스스로 목숨을 끊었고, 2천여 명이 산업재해로 목숨을 잃었습니다. 하루 평균 38명이 자살을 하고, 5.5명이 산업재해로 목숨을 잃는 셈입니다. 지금 이 순간도 누군가의 가슴 아픈 어떤 죽음이 발생하고 있을 것입니다.

〈어떤 죽음〉 시리즈는 '연예인 편'을 시작으로, 더 많은 직업의 사람들을, 혹은 전쟁, 질병, 재해, 재난으로 죽어 간 또 다른 어떤 사람들의 죽음을 조금씩 살펴볼 계획입니다. 문학, 철학, 역사학 등 인문학 연구자들이 성찰하게 될, 어떤 이의 어떤 삶과 어떤 죽음을 여러분과 함께 살펴볼 것입니다.

자, 이제 이 글에서 언급된 모든 이들의 죽음을, 그리고 먼저 세상을 떠난 모든 고귀한 생명들에 대해, 함께 잠시 애도한 후에, 책장을 넘겨주시길 바랍니다.

2021년 겨울
필진을 대표하여 최성민 씀

어떤 죽음

01
—
신해철의
죽음과 의료사고

최성민

2014년 10월 27일, 신해철의 사망 소식이 전해졌다. 가수, 프로듀서, 라디오 DJ, 작곡가, 작사가, 그리고 사회운동가로도 활동했던 그가 향년 46세로 세상을 떠난 것이다.

신해철의 부음을 접하고, 나는 좀 억울한 세대라는 생각이 들었다. 김광석을 잃고 신해철을 또 잃다니. 여전히 이미자를, 송창식을, 양희은을, 조용필을 듣고 즐길 수 있는 세대들에 비해 내 또래가 갑자기 가엾다고 생각되었다. 그만큼 신해철은 시대의 아이콘과 같은 인물이었다.

신해철은 1988년 12월 MBC 대학가요제를 통해 데뷔했다. 서강대학교 철학과 재학 중이던 그는 당시 연세대 학생이던 조형곤, 조현찬, 서울대 학생이던 조현문, 김재홍과 더불어 5인조 밴드 '무한궤도'를 만들어 대학가요제에 출전했다. 신해철은 서강대 교내 밴드 '킨젝스' 오디션에 떨어졌었고, 1988년 강변가요제에 '아기천사'라는 밴드로 출전해서는 예선 탈락을 했었다. 다시

도전한 대학가요제에서는 〈그대에게〉라는 회심의 곡을 내세워 대상을 수상했다. 크리스마스 이브 날, 올림픽 체조경기장에서 열린 본선, 마지막 참가번호 16번 출전곡이었던 〈그대에게〉의 도입부는 가히 충격적일 정도로 강렬했다. 그의 사후 방송된 MBC 다큐스페셜에서 음악평론가 강헌은 연주 시작과 동시에 시청자들이 '이 팀이 우승이구나' 하는 생각을 하게 될 정도였다고 말했다. 조용필은 1988년 대학가요제 심사위원으로 무한궤도를 대상 수상자로 추천했고, 그 이후에는 자신의 매니저 출신인 유재학 대표가 이끄는 대영기획으로 그들을 안내해주었다. 그 이후 대영기획은 신해철, 015B, N.EX.T, 윤종신, 전람회 등 한국 대중음악사의 중요한 계보를 이루는 뮤지션들의 음악적 기반이 되어주었다.

무한궤도는 당시로서는 보기 드물었던 명문대생들의 연합 밴드인데다, 대학가요제 1회 수상팀이던 서울대 샌드페블즈 이후 오랜만에 등장한 밴드 대상 팀이었다. 무엇보다 특히, 강렬한 신디사이저가 주도하는 록 사운드의 참신함이 돋보였던 팀이었다. 데뷔곡 〈그대에게〉에 이어, 정석원이 합류하여 발매한 1집 앨범(1989)도 인기를 모았다. 〈우리 앞의 생이 끝나갈 때〉, 〈여름 이야기〉 등이 잇달아 히트했다. 그러나 무한궤도 멤버들 중

일부는 가요제 출전을 한때의 추억으로 여기고 싶어 했고, 신해철은 대마초 흡연이 적발되어 처벌을 받았기에 무한궤도 활동은 그리 오래가지 못했다.

뮤지션 신해철

신해철은 곧 솔로 활동을 시작하며 1집, 2집 앨범을 냈다. 1집 (1990)에서 〈슬픈 표정 하지 말아요〉, 〈안녕〉을 히트시켰고, 홀로 전 곡의 작사, 작곡을 도맡은 2집《Myself》(1991)에서는 〈재즈 카페〉, 〈나에게 쓰는 편지〉, 〈내 마음 깊은 곳의 너〉 등 다수의 곡을 히트시켰다. 그 무렵 무한궤도 멤버였던 정석원과 정석원의 형 장호일은 '015B'란 밴드로 활동을 시작했다. 1990년에 나온 015B 1집에서는 객원보컬 윤종신이 부른 〈텅 빈 거리에서〉가 크게 히트해서 윤종신 보컬의 이미지가 강했지만, 신해철도 〈슬픈 이별〉과 〈난 그대만을〉, 두 곡의 보컬로 015B에 참여했다.

'서태지와 아이들'이 등장한 1992년, 신해철도 가요사에 남을 중요한 시도를 하게 된다. 바로 밴드 'N.EX.T(넥스트)'의 출발을 알린 것이다. 1992년에 나온 넥스트 앨범을 통해 신해철은 다시 록 기반의 밴드 음악으로 돌아왔다. 대학가요제로 화려하게 등장한 이후, 신해철은 밴드 보컬에서 '아이돌'로, 그리고 '싱어송라이터 뮤지션'으로 변신하였는데, 다시 '넥스트'를 통해 한국 대중음악 역사상 가장 열정적인 팬덤을 가진 록 밴드의 보컬이자 리더로 돌아온 것이다. 넥스트 1집에서는 〈인형의 기사 Part.2〉, 〈도시인〉이 히트했다. 이 음반에 실린 〈도시인〉에서는 현대 도시인의 소외 현상을 다루었고, 〈Turn Off The T.V〉에서는 걸프전쟁을 구경거리로 만든 TV를 꺼 버리라고 외친다. TV 방송국이 주최한 가요제를 통해 등장하여 아이돌 급 인기를 누린 스타의 변신이었다. 1994년 2집《The Return of N.EX.T》는 한층 강렬해진 록 사운드로 무장한 음반이었는데, 2018년 갱신된 3차 '한국 대중음악 100대 명반' 리스트에서 9위를 차지할 정도로 평론가들의 높은 평가를 받았다. 대중성이 크지 않은 곡이 대부분이었지만, 〈The Dreamer〉, 〈날아라 병아리〉와 같은 곡은 인기를 끌었다.

이후에도 멤버 교체와 해체, 재결성을 거듭했지만, 넥스트 활동을 꾸준히 지속했고, 세상을 떠나기 직전까지 넥스트 7집을 위한 준비가 진행 중이었다. 이외에도 〈일상으로의 초대〉가 실린 솔로 3집(1998), 〈니가 진짜로 원하는 게 뭐야〉가 실린 솔로 4집(1999), 재즈 장르로 리메이크한 곡 위주의 솔로 5집(2007), 생전 마지막 앨범이 된 솔로 6집(2014)을 냈다. 이 외에도 윤상과 함께 작업한 '노땐스', 넥스트 공백기에 결성한 밴드 '비트겐슈타인' 활동까지, 솔로 활동과 밴드 활동을 넘나들며 활발한 음악 활동을 했다.

솔로로, 밴드로, 다양한 활동을 했고, 하드록, 모던록, 발라드, 랩, 테크노 등 폭넓은 장르의 음악을 추구했지만, 신해철의 음악이 대중들에게 큰 영향을 준 부분은 무엇보다 '가사'였다. 사랑과 이별을 노래하는 것이 대부분 대중음악의 가사였지만, 신해철의 가사는 그 외에도 다른 많은 것들을 이야기하고 있었다. 그는 노래 가사를 통해 세상에 대해, 삶에 대해, 나이 듦에 대해, 젊음에 대해, 생명에 대해, 소외에 대해 이야기했다.

넥스트 1집 HOME 음반(1992)에 수록된 〈도시인〉의 가사에서처럼 "한 손엔 휴대전화 허리엔 삐삐 차고 집이란 잠자는 곳 직장이란 전쟁터 회색빛의 빌딩들" 속에서 "기계 부속품처럼" 살아가지 말 것을 호소했고, 〈아버지와 나 Part1〉 가사처럼 "다정하게 뺨을 부비며 말하는 법을 배운 적이 없"었던 나의 아버지와 또 언젠가 아버지가 될지도 모를 나의 먼 미래 모습을 떠올려 보게 했다. 〈집으로 가는 길〉의 가사처럼 "지금까지 내가 걸어온 길은 누군가가 내게 준 걸 따라간 것뿐"이었기에 청춘

들 스스로 길을 만들어 가도록 노력할 것을 노래했다. 솔로 2집
《Myself》 음반(1991)에 수록된 〈나에게 쓰는 편지〉의 가사에서
는 "전망 좋은 직장과 가족 안에서의 안정과 은행 계좌의 잔고
액수가 모든 가치의 척도"가 아닌 삶을 추구할 것과 "돈, 큰 집,
빠른 차, 여자, 명성, 사회적 지위 그런 것들에 과연 우리의 행복
이 있"지 않음을 노래했다.

신해철은 그의 노래들에서 늘 스스로를 성찰하며 살아야 한
다고 말했고, 세속적인 가치나 지위 따위에 매몰되지 말아야 한
다고 말했다. 적어도 기성세대의 가치, 세속적 가치만을 좇아
사는 삶은 '낡고 천박하고 고루한 삶'이라고 소리쳤다.

프로듀서와 DJ로서의 신해철

신해철 자신의 음악 활동 못지않게 많은 이들에게 영향을 미
친 것은 프로듀서로서의 활동이었다. 넥스트의 멤버 교체가 잦
았고, DJ 활동도 여러 차례 중단과 복귀를 반복했던 것으로 볼
때, 그리고 사회적 발언에 거침없었던 전력으로 볼 때, 고집이
세다거나 주변과의 불화도 잦았던 인물이었다는 평가도 있다.
하지만 또 한편으로는 끊임없이 새로운 사람들을 대중들에게

신해철 거리-노래비
성남시 분당, 신해철이 마지막으로 음악을 만들던 작업실 앞 골목길에는 그의 사후, '신해철 거리'가 조성되었다. 그가 남긴 여러 노래의 가사들도 새겨져 있다. 〈내 마음 깊은 곳의 너〉의 가사 '헤어짐의 슬픔도 긴 시간을 스쳐가는 순간인 것을'이라는 내용이 새삼스럽게 느껴진다.

데려와 소개해 주었던 중개인이기도 했다.

  '무한궤도'보다 5년 뒤, 1993년 대학가요제 대상 수상자였던 '전람회'는 뛰어난 음악적 능력을 보여주었지만, 대중성은 부족해 보였다. 신해철은 전람회 앨범을 프로듀싱하면서 1집의 〈기억의 습작〉, 2집의 〈취중진담〉을 크게 히트시키는 데에 기여했다. 특히 전람회 1집의 〈여행〉이라는 수록곡 앞부분에 전람회 멤버들(김동률, 서동욱)과 신해철이 주고받는 대화가 실려 있는데, 여기서 신해철은 '쌩브라스를 쓰고 싶지만 돈이 많이 들까' 걱정하는 전람회 멤버들에게 "야, 돈 걱정은 니들이 하는 거 아니니까 그냥 해!"라고 일갈한다. 놀라운 것은 전람회 1집이 나오던 1994년, 김동률의 나이는 만으로 19살, 신해철은 25살에 불과했다는 것이다. 역시 가요제 수상자 출신이었던 그는 불과 5~6년 사이에 새로운 후배들을 이끌고 후원하는 역할에 도달해 있었던 것이다. 전람회보다도 먼저, 1993년에는 훗날 TOY의 객원보컬이 되는 김형중이 속했던 그룹 'EOS'가 테크노 뮤직 기반의 앨범을 내게 되는데, 여기에도 네 곡의 작사를 선사하며 참여했다. 1996년에는 김홍준 감독의 영화 〈정글스토리〉의 OST 작업을 통해 윤도현이 대중들에게 자신을 알리는 데 도움을 주기도 했다. 1997년에는 넥스트 멤버 김영석과 함께 발굴하고 프로듀싱한 밴드 '에메랄드캐슬'을 대중들에게 소개했다.

신해철은 라디오 DJ로도 오랜 시간 활동했다. MBC FM '밤의 디스크쇼' 프로그램을 이종환, 이상은에 이어 진행하며 라디오 DJ로의 커리어를 시작했다. 넥스트 활동을 준비하던 1991년 9월말, 윤상에게 진행석을 넘겨주기 전까지, 자유분방하고 즉흥적이었던 그의 진행 방식은 신선한 화제를 불러일으켰다. 90년대 말에는 훗날 유희열과 이소라로 진행자 계보가 이어지는 'FM 음악도시'의 초대 시장, 즉 첫 번째 DJ가 되었다. 이때 고정 게스트로 나오던 유희열은 뛰어난 입담으로 인기를 끌었다. 이후 유희열은 'FM음악도시'의 두 번째 DJ가 되었고, 지금은 대중음악계에 영향력 있는 제작자가 되었는데, 그 뒷배경에는 신해철이 있었던 것이다.

신해철을 대표하는 닉네임이 된 '마왕'의 칭호를 얻게 된 것은 '고스트스테이션'이라는 심야 라디오 프로그램을 진행하면서였다. 2001년 SBS에서 방송을 시작했고, 2003~2007년에는 MBC로 옮겨 '고스트네이션'이라는 이름으로 방송되었다. 다시 2008년부터 2012년까지 SBS와 MBC를 넘나들며 '고스트스테이션'이란 프로그램명으로 방송되었다. 시간대 변동도 잦았지만 대체로 방송 시간은 새벽 1~3시경, 아주 늦은 밤이었다. 지금은 사라진 '라이코스'라는 포털 사이트 기반으로 시작된 인터넷 방송이 모태인 프로그램이었는데, '고스트스테이션'은 방송채널을 여러 차례 옮겨 다니며 파격을 거듭하는 방송으로 주목을 받았다. 초기에는 영국에 머물던 신해철이 직접 혼자 제작한 녹음 파일을 고스란히 SBS 채널을 통해 방송하는 방식으로 진행되었는데, 현재의 '팟캐스트'와 매우 유사한 방식이었다고 할 수 있다. 한국에 돌아온 후에는 한국의 인디밴드 음악을 소개하는 데에 비중을 두었다. 어느 날은 같은 곡을 여러 번 틀기도 하고, 어떤 날은 공연 현장에서 직접 방송을 진행하기도 했다. 직접 홍대 클럽이나 페스티벌을 찾아갈 수 없는 대중들에게 자체적으로 선정한 인디차트를 소개하면서 인디밴드들을 접할 기회를 마련해 주었다. 신해철의 라디오 방송을 통해 달빛요정, 브로콜리너마저, 몽구스, 피터팬 콤플렉스, 허밍어반스테레오, 페퍼톤스, 장기하와 얼굴들 등이 대중들에게 알려질 수 있었다.

그가 리더였던 무한궤도로부터 파생된 015B가 대중에게 소개되었고, 015B를 통해 윤종신이 알려질 수 있었으며, 윤종신을 통해 하림, 조정치 등이 대중과 친근해졌다. 그의 라디오 진행을 통해 유희열이 소개됐고, 유희열을 통해 TOY의 보컬들과 안테나뮤직의 뮤지션들이 등장했다. 이렇다 할 엔터테인먼트 사업이나 레이블 운영을 한 것도 아닌 그가 대중음악계 후배들에게 미친 영향은 상상 이상이다.

논객 신해철

음악 활동과 DJ 활동 외에도 거침없는 사회적 발언을 한 논객으로서의 신해철을 기억하는 사람들도 많다. 100분 토론에 가장 많이 출연한 연예인으로, 간통죄 폐지, 학교 체벌 금지, 대마초 합법화 등을 주장했다. 그는 2010년 《경향신문》과의 인터뷰에서 연예인으로서 사회적 발언을 하는 것이 부담스럽지 않냐는 질문에 대해 "매니저들은 뜯어말리고 있다"고 말하면서 다음과 같이 덧붙인다. "현실적으로 바뀔 수도 없고, 질 수밖에 없는 문제에 왜 뛰어드느냐고 주변에서 말합니다. 한국에서는 영악하게 지는 싸움을 피해 가는 사람은 많습니다. 저는 지는 싸움도 때로는 해야 한다고 생각해요." 연예인이 사회적 발언에 앞장서는 '소셜테이너'의 태도를 취하는 것에 대한 비판도 많지만, 그는 노래 가사로 발언하는 것이나 TV 토론에 나와서 발언하는 것이나 사회적 영향을 미치는 것은 마찬가지라고 여기는 듯했다. 실제로 그가 '지는 싸움'이라고 했지만, 그의 소신이었던 '간통죄 폐지'와 '학교 체벌 금지'는 이미 우리 사회에서 실현된 이슈가 되었다.

사회가 그렇게 조금씩 바뀔 수 있었던 것이 신해철의 TV 토론 때문만은 아닐 것이다. 그러나 신해철이 20여 년 동안 대중들에게 노래로, DJ 멘트로 전달해 온 지향들이 어느 사이에 대중들에게 스며들었던 효과는 있었으리라고 본다. 지금껏 생각해 온 대로, 남들이 알려준 대로, 그 길을 따라가며 살아가지 말고, 자신을 성찰하고 스스로 길을 만들며, 세상과 맞서 싸우라고, 신해철은 노래했다. 그리고 그와 동시대를 살아가는 대중들 각자는 알게 모르게 조금씩 세상과 맞서 싸워 왔다.

너무나 허망한 죽음

신해철은 2014년 너무나 허망하게 세상을 떠났다. 2014년 10월 17일 신해철은 서울 송파구의 한 병원(이후 S병원으로 칭함)에서 복강경을 이용한 위장관유착박리술과 위 축소술을 받았다. 그러나 수술 이후 신해철은 고열을 동반한 극심한 통증을 호소했고, 그럼에도 불구하고 병원 측과 의사는 진통제 투여 외에 특별한 조치를 하지 않았다고 한다. 결국 수술 5일 만에 신해철은 통증에 고통스러워하며 쓰러졌고, 복막염과 패혈증 및 심장 이상 증상을 지닌 채 서울아산병원으로 이송된다. 결국 2014년 10월 27일 저산소 허혈성 뇌손상으로 인한 사망 판정을 받게 되었다. 2014년 10월 23일 서울아산병원 의료진의 경과보고는 다음과 같다.

"신해철 님은 2014년 10월 22일 수요일 오후 2시경 서울아산 병원 응급실 내원. 내원 당시 무의식이었으며 동공반사 및 자발호흡이 없는 위중한 상태였으며, 혈압은 고용량의 혈압상승제가 투여되면서 유지되었음. 본원 도착 후 원인 파악을 위하여 각종 검사를 통해 복막염, 복강내고압, 심장압전(심장을 싸고 있는 심막 내부에 액체 혹은 공기로 인해 심장 압박) 상태를 확인하고 당일 오후 8시에 응급수술을 시행하였음. 복강 내 장유착 및 장손상을 확인 후 장절제 및 유착박리술을 시행하고 흉부외과와 협진하에 심막을 열어주는 응급배액술 및 세척술을 시행하고 개방복부상태로 수술 종료함. 수술 후 혈압은 안정화되어 혈압 상승제 없이도 안정적으로 유지되고 있으나, 아직 의식은 전혀 없고 동공반사도 여전히 없는 위중한 상태임. 향후 수일 내에 추가적인 손상 부위 확인 및 열어 놓은 복강을 폐복 또는 부분

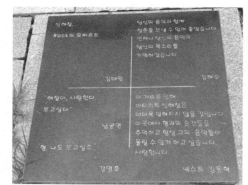

신해철 거리-추모사 비석
분당 신해철 거리에서는 가까이 지내던 동료 연예인들의 추모사들이 낮은 비석으로 새겨져 있는 것을 볼 수 있다.

신해철 거리-신해철 동상
분당 신해철 거리에 있는 신해철 동상. 누군가가 코로나 시대에 어울리게도 마스크를 씌워주었다.

폐복을 위하여 추가 수술을 계획하고 있음. 향후 뇌손상 정도를 파악하고 최소화하기 위해 여러 과의 협진을 받아 노력하고 있으며 회복 정도는 장기간의 경과 관찰이 필요한 상태임."

2014년 11월 3일 국립과학수사연구원의 브리핑에서는 아산 병원에서 소장 천공을 봉합한 것으로 보이는 흔적과 심낭에 생긴 0.3센티미터 천공, 위장 외벽 부위를 15센티미터가량 봉합한 흔적을 발견했다고 한다. 이로 인해 결정적 사망 원인은 허혈성 뇌손상이 아니라, 심장을 감싼 심낭의 막이 훼손된 천공에 의한 패혈증이라는 것이 확인되었다. 이에 S병원에서 심각한 의료사고가 있었을 것이라는 추정이 힘을 얻게 되었다.

2014년 11월 22일 KBS 〈추적60분〉, 11월 29일 SBS 〈그것이 알고싶다〉의 취재 결과, 해당 병원은 과거 환자가 동의하지 않는 수술을 추가로 하거나 검증되지 않은 수술법으로 수술을 실시하고, 수술 후 예후가 좋지 않은 환자들에게 진통제 위주의 안일한 처방을 해 왔던 것이 드러났다. 유족 측의 주장에 따르면, 신해철의 경우에도 환자가 요구한 적이 없는 시술이 이루어졌다고 하며, 통증 호소에도 불구하고 적절한 대응 조치가 미흡했다는 것이다.

S병원 측은 천공은 자신들이 행한 수술 부위와 무관하며, 오히려 아산병원 측에서 수술을 잘못한 것이 아니냐고 반박하였다. 아산병원 측은 응급수술 전에 심장 안팎으로 오염물질이 이미 가득 차 있었다고 다시 반박하며, S병원의 주장은 책임 전가로밖에 보이지 않는다고 주장하였다.

경찰은 환자의 동의를 얻지 않은 위 축소 수술이 직접적으로 사망을 초래한 것은 아니지만, 그 과정에서 발생한 천공과 그 후속조치에 대해서는 의료사고라는 입장을 보였다. 수술 과정의 실수로 인해 소장과 심장에 천공이 발생했고, 수술 후 통증을 호소했는데도 합병증의 가능성을 간과했으며, 퇴원 후 촬영한 흉부 X-ray에서도 문제가 발생한 것을 확인하지 못했다는 것이다.

당시 신문기사들을 살펴보면, 대한의사협회와 한국의료분쟁조정중재원에서도 "복막염 증세가 진행되고 있음에도 위급 상황임을 인지하지 못했다"고 지적하는 의견을 제시했다. 이에 대해 의견을 제시한 한 대학병원 외과의도 통증을 호소하는 상태에서 원인이 확인되지 않았다고 해도 "퇴원을 시킨 것은 잘못한 것"이라고 지적했다.

2014년 10월 16일 신해철이 직접 트위터에 올린 글과 사진을 보면, 솔로 EP 앨범 활동을 위해 체중을 감량하는 중이었던 것으로 보인다. 10월 21일에는 다이어트 프로그램 종료가 1일 남았다는 글을 올렸다. 그때까지만 해도 그에게 위급한 상황이 닥치리라고는 아무도 생각하지 못했다.

2014년 11월 5일 장례식 직후, 신해철 유족 측과 변호사들은 기자회견을 통해 사망 경위를 발표하였다. 그에 따르면, 10월 17일 점심 무렵, 신해철은 복통을 느껴 분당 서울대병원을 내원하여 마비성 장폐색 소견과 수술이 필요하다는 진단을 받았으나, 대기환자가 많아 평소 방문한 적이 있던 송파구 S병원으로 가게 되었다. 그곳에서 S병원 원장과 면담 후, 간단한 복강경 시술을 받으면 되고, 하루만 입원하면 된다고 전달받았다. 그날 오후 4시 40분경, S병원에서 위장관유착박리술 수술을 받게 되었고, 병실로 옮긴 후 수술이 잘 되었다는 얘기를 들었다. 그러나 회복이 빠를 것이라는 얘기와 달리, 밤새 통증을 호소하자 병원 측은 마약성 진통제를 투여한다. 10월 18일과 19일 신해철은 계속 통증을 호소했지만, 19일 13시 30분경, 원장은 진통제 처방과 더불어 미음이나 액상 음식을 먹으면 괜찮아질 것이라며 퇴원 조치를 내린다. 10월 20일 새벽, 발열 증상과 통증, 울렁거림으로 인해 병원을 다시 찾아가지만, S병원 원장은 통증은 당연한 것이며 시간이 지나면 괜찮아질 것이라고 말한다. 그러나 10월 21일에도 극심한 통증은 계속되었고, 22일 새벽에는 결국 S병원으로 재입원을 하였다. 22일 낮 병실 화장실에서 쓰러진 채로 발견되었고, 심폐소생술과 응급 수술을 했지만 상태가 크게 호전되지 못해 오후 2시 10분경 서울아산병원으로 이송하였다. 아산병원에 도착했을 때, 이미 의식과 동공반사가 없고, 뇌손상이 의심되는 상태였으며 긴급 수술에도 불구하고, 이날 밤부터 사실상 뇌사 상태에 빠진 것으로 판단되었다. 그리고 10월 27일 20시 19분경, 최종 사망 판정을 받게 되었다.

신해철이 중태에 빠져 서울아산병원에 누워 있다는 소식이 전해지면서 회복을 기원하는 응원이 줄을 이었고, 얼마 후 사망 소식이 전해지자 응원은 추모 물결로 변했다. 그리고 그의 죽음이 의료사고 때문이 아닌가 하는 의혹이 대두되었다. 특히 S병원 측이 환자가 금식 지시를 어겼다고 책임을 전가하거나, 서울아산병원 측에 책임을 떠넘기는 태도를 취하자 분노의 여론이 커졌다.

2011년에 처음 제정, 2012년에 시행된 '의료사고 피해구제 및 의료분쟁 조정법'(이하 '의료분쟁 조정법')은 제1조에서 "의료사고로 인한 피해를 신속, 공정하게 구제하고, 보건의료인의 안정적인 진료 환경을 조성함을 목적으로 한다."고 제정 목적을 밝히고 있다. 그러나 의료사고로 인한 피해를 신속히 구제하는 것과 보건의료인의 안정적 진료 환경을 조성하는 것 사이에는 모순적 상황이 발생하곤 했다. 의료사고인지 아닌지를 따지기 위해서는 의료분쟁 조정 절차를 밟아야 하는데, 이 절차에 들어가려면 의료기관의 동의가 있어야만 했다. 일반 대중이 의료과실을 과학적으로 입증하기 힘든 것은 당연한데, 의료기관의 동의 없이는 분쟁 조정 절차에 들어가기도 힘들었던 것이다. 조정 절차 없이 법원에서 법적 공방을 벌이는 방법은 있지만, 현실적으로 법정에서의 다툼은 피해자 입장에서 더욱 힘든 일이었다.

신해철 사망 이후, 소위 '신해철법'이라고 이름 붙인 의료분쟁 조정법 개정안이 발의되고, 2016년 11월 30일 개정 법안이 시행되었다. 이 개정법에 따르면, 의료사고로 사망하거나, 1개월 이상 의식 불명, 혹은 장애등급 1급(자폐성, 정신장애 제외) 등의 중대한 피해가 발생한 경우에는 의료기관의 동의 없이도 한국 의료분쟁조정중재원에서 분쟁 조정 절차를 시작할 수 있다.

의료사고, 그리고 신해철법

신해철 사망 사고에 대해, 2016년 10월 24일 검찰은 '업무상 과실치사' 혐의로 S병원의 집도의 강 모 씨에게 징역 2년을 구형하였다. 1, 2심을 거쳐 2018년 5월 대법원은 징역 1년의 실형을 확정하였고, 강 모 씨의 의사 면허도 취소되었다. 민사 소송도 이어졌다. 2019년 5월 대법원은 신해철의 아내와 두 자녀가 집도의 강 모 씨와 보험사를 상대로 낸 손해배상 청구소송에서 11억 8700만원 배상 판결을 확정했다.

신해철 의료 사고 판결에 대해, 2018년 6월 MBC 〈판결의 온도〉라는 프로그램이 의뢰해 서울경기권 변호사들에게 설문조사를 했다. 응답자의 과반수인 53.3%는 처벌이 약하다고 응답했고, 26.7%는 합당하다, 8.9%는 지나치다, 11.1%는 모르겠다고 답변했다. 일반 시민 대상의 설문조사에서는 75.4%가 처벌이 약하다는 응답을 하였다. 합당하다는 의견은 12.7%, 지나치다는 의견은 1.4%에 불과했다.

반면 2018년 11월 대한의사협회 기관지 《의협신문》에서는 의사 3천 명을 대상으로 의료사고로 인한 처벌 문제를 다루는 설문조사를 하였다. 역대 《의협신문》 설문조사 중 최고 참여율을 기록했다는 이 설문조사는 신해철 사망 사건 때문에 실시한 것은 아니었다. 신해철 사망 사건은 S병원 강 모 씨의 주장과 서울아산병원의 주장이 엇갈렸기 때문에, 의사들의 이해관계가 하나로 모아지는 상황은 아니었다. 신해철 사건의 경우, 워낙 유명하고 대중적 영향력이 있던 가수의 죽음이었기 때문에, 의료사고로 인한 민형사상 판결에도 불구하고 의사들의 집단적 반발이 나오기는 어려운 상황이기도 했다. 신해철 사건의 대법원 확정 판결로부터 5개월 뒤인 2018년 10월 또 다른 의료사고 관련 판결이 내려진다. 수원지법 성남지원이 업무상 과실치사 혐의로 기소된 의사 세 명에게 실형을 선고하고 법정 구속한 것이다. 2013년 당시 여덟 살이었던 A군은 열흘간 복부 통증으로 네 차례에 걸쳐 병원을 찾았는데, 당시 해당 병원의 소아과 과장이던 전 모 씨, 응급의학과 과장이던 송 모 씨, 가정의학과 수련의던 이 모 씨가 A군의 상태를 '변비'로 오인하여 적절한 대처를 하지 못했고, 결국 다른 병원에서 횡격막탈장 및 혈흉으로 인한 저혈량 쇼크로 사망한 사건이 있었다. 이 사건에 대해 2018년 10월 2일 1심 법원이 전 모 씨에게 금고 1년 6개월, 송 모 씨와 이 모 씨에겐 금고 1년을 선고하고 법정 구속하자 의사 단체가 강력히 반발하는 과정에서 실시된 설문조사였다. 이 설문조사에서, 의사들 96.4%는 의료 행위를 업무상 과실치사상으로 형사처벌을 하는 것이 부당하며, 비형사적 구제 조치를 통해 환자의 피해를 회복하고 금전적 배상으로 해결하도록 하는 '의료사고특례법'을 제정해야 한다고 주장했다. 또한 의사의 90%는 이와 같은 형사처벌 추세가 이어진다면, 검사 행위를 늘리는 '과잉 진료'와 이상 소견에 대해 상급병원으로 전원시키려는 '방어 진료' 행위를 하게 될 것이라고 주장했다. 의사들 74%는 이 판결로 인해 의료행위를 위축받게 되었다고 답하였다.

이 3인의 의사는 2018년 11월 9일 보석으로 석방되었다. 그리고 2019년 2월 수원지방법원 형사항소 5부는 2심에서는 전 모 씨에게 금고 1년 6개월에 집행유예 3년, 40시간 사회봉사, 송 모 씨에게는 무죄, 이 모 씨에게는 금고 1년에 집행유예 3년을 선고했다. 2심 선고에 대해 의사 3인은 판결을 받아들였다. 검사 측은 무죄 선고를 받은 이 모 씨의 판결에 대해 불복하여 상고하였지만 대법원은 2019년 5월 상고를 기각하여 최종 무죄가 확정되었다.

대법원 사법연감에 따르면 2020년 기준, 최근 5년간 1심 판결 기준으로 의료 사고 사건에 대해 원고, 즉 피해자 측이 전부 승소한 경우는 1% 내외에 불과하다. 『보건과 사회과학』(한국보건

사회학회) 제54집에 실린 논문 「의료사고 피해 유가족의 울분과 사회적 고통」에는 자녀와 사별한 후 의료 소송을 경험한 부모 7인의 집단심층면접(FGI) 결과가 실려 있다. 사망 사고 피해 유가족들이 느끼는 감정으로는 '죄책감, 억울함, 미안함, 울분' 등이 컸다. 소송이 진행되면서, 가해자들에 대한 처벌 수준이 경미하거나, 패소 판결이 나거나, 혹은 재판이 지연되면서 유가족들은 법을 믿고 기다릴 수는 없다는 판단을 하게 된다고 말한다. 미취학 아이가 사망한 유가족은 매년 3월이면, 초등학교 입학도 못한 아이가 떠올라 가슴이 아프다고 하고, 20대 자녀를 먼저 떠나보낸 한 아버지는 7개월 만에 충격으로 인한 뇌경색을 겪기도 했다. 이들 유가족이 소송을 통해 아이가 되살아날 것으로 기대하는 것은 아니지만, 이들은 의료소송의 절차와 결과가 불공정하고 부당하다는 생각에 더욱 고통스럽다고 말한다.

현대 사회의 사람들 대부분은 병원에서 태어나서 병원에서 죽는다. 그 과정에서 의사들은 그 의술로써 사람의 생명을 살리기도 하고, 때로는 죽음으로 가는 길을 환자와 함께 맞서는 든든한 우군이 되기도 한다. 의사의 역할이 커지고 의술의 범위가 커질수록, 의사의 사소한 실수가 생명을 좌우하는 일도 많아진다. 대부분의 의사들은 환자의 생명을 지키기 위해 열심히 공부하고 노력하며, 헌신적으로 환자를 대한다. 그러나 그렇다고 해서 실수나 사고를 막을 수는 없다. 의사 역시 사람이기 때문이다.

문제는 의사가 실수를 할 가능성이 없지 않음에도 불구하고, 환자가 그 가능성을 미리 짐작하기는 어렵다는 점이다. 실제로 사고가 벌어진 이후에도, 의학적 지식과 정보가 많지 않은 환자나 그 가족들이 사고의 원인을 밝혀내기란 매우 힘들다. 신해철 사건처럼 의사의 과실이 법원 판결을 통해 명백히 밝혀지고, 민형사상 책임이 지워진 사례는 그리 흔하지 않다.

우리나라와 달리 미국의 경우에는 의료소송이 매우 빈번하다. 과도한 의료소송은 방어적 진료를 야기하고, 의료사고 보험료의 인상으로 이어져 가입자의 부담이 커지는 한편, 환자에 대한 진료가 부실해지고 의료비도 계속 상승하게 된다. 환자들의 소송을 부추기는 의료소송 전문 변호사들도 득세한다. 이에 따라 의사들도 변호사에 의지하게 되는데, 그들의 가장 중요한 전략은 '방어하고 부인하라'이다. 분쟁이 발생했을 때, 모든 발언은 법정에서 불리하게 작용할 수 있으므로 의사들은 치료 과정에 있었던 일들에 대해 일체 함구하도록 변호사들에게 권유받는다.

『개념의료』를 쓴 작가이자 의사인 박재영 박사는 의료소송에 대응하기 위해 역으로 '진실을 말하기'가 효과적이라고 말한다. 환자에게 나쁜 결과가 발생했을 때, 병원 측과 의사가 먼저 유감과 공감의 뜻을 표하고, 왜 이런 일이 발생했는지를 철저하게 밝힐 것을 다짐하며, 과실이 드러날 경우 적절한 보상을 할 것임을 약속하라는 것이다. 실제로 대부분의 환자들이 요구하는 것은 진실과 진심이다. 환자가 기대하는 의사의 태도는 자신의 의술에 대한 확신과 자신감이 아니라, 환자에 대한 관심과 공감이다.

신해철 사건에서 S병원과 의사의 가장 큰 실수는 수술 과정에서의 잘못이 아니라, 환자의 통증에 대한 공감의 부족이었다. 환자가 호소하는 통증에 귀 기울였다면, 잘못된 수술의 결과를 바로잡을 기회가 있었을 것이다. 그러나 그 의사는 환자의 통증을 무시하고 그 원인을 생각해 보려고도 하지 않은 것으로 보인다. 그리고 모든 것이 잘못된 뒤에도, 책임을 회피하거나 전가하기에 급급했다. 한마디로 환자의 생명을 다루는 책임 있는 의사의 태도와는 거리가 멀었다.

캐나다의 내과 전문의이며 유명한 칼럼니스트인 게이버 메이트(Gabor Mate, 1944~)는 국내에서도 베스트셀러에 이름을 올렸던 그의 2010년 산문집 『몸이 아니라고 말할 때(When the Body

신해철 거리-입구

성남시 분당 신해철 거리의 입구. 이 골목
길을 따라 올라가면, 신해철의 동상과 노래
가사, 추모사들, 그리고 그의 마지막 작업
실 공간을 만나게 된다.

Says No)』에서 의사들은 "신체 부위나 기관들에 대해 더 많은 것을 알게 될수록, 그 부위와 기관들이 존재하는 바탕인 인간에 대해 덜 이해하는 경향이 있다."고 말하였다. 환자들은 '의학 기술을 명확히 이해'하는 의사보다 '환자의 고통을 친절하게 이해'하는 의사를 원한다.

신해철을 기억하는 방법

신해철의 죽음은 또 한 가지 우리에게 의미 있는 변화를 고민하게 해주었다. 신해철이 마지막 음악 열정을 불태우던 작업실이 위치한 성남시 분당에는 '신해철 거리'가 조성되었다. 신해철의 노래 가사들과 어록들이 푯말과 바닥비석들에 새겨져 있다. 그의 작업실도 그의 손때 묻은 물품들과 그간 발매한 앨범들을 모아 박물관처럼 꾸며졌다. 죽음을 안타까워하는 마음은 크지만, 장례식장과 묘지, 납골당의 풍경들은 어쩐지 어둡고 스산하여, 정작 죽은 이를 가까이서 애도하고 추억하기 어려운 우리의 문화에서, 도심 한구석에 신해철 거리가 조성되어 그를 기억하는 누구나가 손쉽게 거닐 수 있게 된 것은 그를 사랑하던 팬들 입장에서는 고마운 일이라 하겠다.

"하루 또 하루 무거워지는 고독의 무게를 참는 것은 그보다 힘든 그보다 슬픈, 의미도 없이 잊혀지긴 싫은 두려움 때문이지만, 저 강들이 모여드는 곳, 성난 파도 아래 깊이, 한 번이라도 이를 수 있다면. 나 언젠가 심장이 터질 때까지 흐느껴 울고 웃다가 긴 여행을 끝내리, 미련 없이."

생전에 신해철이 자신의 장례식장에서 울려 퍼질 곡이고 노래 가사는 자신의 묘비명이 되리라 했던 노래 〈민물장어의 꿈〉의 가사 일부다. 노래 가사보다도 더 고통스럽게 죽어간 그의 아픔을 위로하며, 그의 노래를 다시 목청껏 따라 부르고 싶어진다.

02

———

박주아의 죽음과
환자 자율성

조태구

"영감님의 전성기는 언제였나요?" 만화 『슬램덩크』의 수많은 명대사 중 하나인 이 질문은 이 질문에 대한 대답, "전 지금입니다"와 짝을 이룰 때 완성된다. 지금 바로 이 순간, 내 삶이 최고조에 도달해 있다는 자신감, 삶의 충만함, 이 모든 것은 가슴을 더할 수 없이 웅장하게 만든다. 그러나 이건 만화 속의 이야기일 뿐, 모든 사람들의 전성기가 지금일 수는 없고, 심지어 모든 사람들이 자신의 삶에서 적어도 한 번씩 전성기를 맞이한다는 것도 사실이 아니다. 큰 굴곡 없이, 무난하게 그렇게 단조롭게 흘러가는 것이 우리 보통 사람들이 살아가는 삶의 모습에 더 부합할 것이다. 이를 삶의 보편적 평범함이라고 말해 보자.

연예인이라는 직업 자체가 특수한 것이기는 하지만, 그 세계 안에서 살아가는 연예인들로 대상을 한정해 본다면, 이러한 삶의 보편적 평범함은 연예인들에게도 마찬가지로 적용된다. 모든 연예인들이 적어도 한 번씩, 저마다의 화려한 전성기를 맞이하는 것은 아니다. 배우 박주아(본명: 박경자, 1942.9.20~2011.5.16)가 그러했다. 그녀는 최고의 "인기" 배우였던 적이 없다. 1962년 KBS 1기 공채 탤런트로 데뷔한 이래 수많은 작품에 참여했지만 뚜렷한 수상 경력도 없다. 그러나 뚜렷한 삶의 고점이, 삶의 전성기가 없었다는 사실이 한 사람의 삶을 온전히 평가할 수 있는 기준이 될 수 없는 것과 마찬가지로, 전성기 없이 이어져 온 그녀의 50년 가까운 연기 인생을 전성기의 유무로 판단하는 것은 적절하지 않을 뿐만 아니라 가능하지도 않다.

기묘한 점은 그녀가 작품의 주역이었던 적이나, 비중 있는 조역이었던 적이 많지 않음에도 불구하고, 우리는 누구나 그녀가 누구인지 알고 있었다는 사실이다. 그리고 이러한 기묘함은 그녀가 자신의 자리에서 항상 같은 모습으로, 오랜 세월 자신의 역을 연기해 왔다는 사실로부터 기인한다. 그녀는 화려한 배우는 아니었지만 꾸준한 배우였고, 중심에 서지는 않았지만 배경을 단단하게 채워주는 굵은 선을 가진 배우였다. 자신이 확립한 자리에서 그녀는 자신에게 맡겨진 역을 본인의 삶을 살아가듯 또박또박 연기했다. 그리고 그러한 꾸준함이, 그러한 평범함이 그녀의 평범하고 무난했던 연기 인생을 비범한 것으로 갑자기 뒤바꾼다. 평범함을 평범함 이상으로 도약시키는 꾸준했던 평범함.

그녀는 어머니였고 할머니였다. 사극에 출연할 때도 그녀는 내명부를 관장하는 상궁 역할을 많이 맡았다. 자신의 자리에 우뚝 서서 가족들을, 내명부의 수많은 일꾼들을 때로는 부드러운 웃음으로 보듬고, 때로는 강한 질책으로 움직이는 것이 그녀에게 주어진 역할이었다. 그녀는 누구보다 크고 시원하게 웃을 줄 알았고, 강철처럼 단단하고 강하게 꾸짖을 줄 알았다. 그녀의 둥근 얼굴은 한없이 푸근했지만, 미간을 조금만 찌푸려도 화면 가득 노기가 차올랐다. 사후 그녀에 대한 전언들에 따르면 이러한 그녀의 역할이 작품이라는 테두리 안에 한정되어 있던 것만은 아닌 듯하다. 후배 연기자들에게 그녀는 어머니였고, 할머니였으며, 상궁이었다.

전성기라고 칭하기는 어렵지만, 그녀에게 대표작이 없는 것은 아니다. 그녀의 대표작은 1972년 4월 3일부터 방영되어 1972년 12월 29일까지 총 211회로 제작 방영된 드라마 〈여로〉이다. 그녀가 출연한 다른 작품들이 부족한 것들이어서 이 오래전 출연작을 그녀의 대표작으로 뽑는 것은 아니다. 그만큼 드라마 〈여로〉가 워낙 전설적이었다. 시청률을 정확하게 측정하던 시기의 작품이 아니라 추정에 불과하지만, 드라마 〈여로〉는 당시

70%대의 시청률을 기록했을 것으로 평가되는 작품이다. 이 드라마의 인기가 얼마나 대단했는지, 드라마 방영시간에는 해수욕장이 텅텅 비고, 극장이 영화 상영을 드라마 방영 시간에 맞춰 20분간 멈췄다는 이야기들이 남아 있을 정도다.

이 드라마 〈여로〉에서 가장 화제가 되었던 등장인물은 전국의 아이들이 따라했던, 그래서 사회문제로까지 대두되었던, 장욱제가 연기한 바보 "영구"와 온 국민의 미움을 한 몸에 받아야 했던, 박주아가 연기한 "못된 시어머니"였다. 이 시어머니에 대한 전 국민의 미움이 얼마나 사실적이고 실감나는 것이었는지, 방송국으로 시어머니를 잡으러 난입한 일곱 명의 공수부대원들에 대한 이야기나, 교통사고가 나서 크게 다친 그녀를 병원에서 거들떠보지도 않았다는 다소 섬뜩한 에피소드들이 전해주고 있다.

박주아가 이 못된 시어머니 역을 맡아 연기했을 때 그녀의 나이 불과 서른 살이었다. 그때부터 그녀는 계속 어머니였고 할머니였다. 그녀는 자신의 실제 나이보다 훨씬 많은 나이를 연기했으며, 그녀의 연기 경력이 늘어갈수록 드라마 속 그녀의 삶과 실제 그녀의 삶의 간극은 줄어들었다. 그렇게 세월이 흘러 그녀가 삶처럼 연기했던 그 나이가 그녀의 실제 나이가 되었을 때, 이제 별다른 분장 없이 그녀가 어머니를, 그리고 할머니를 연기하게 되었을 때, 그녀는 갑자기 세상을 떠났다. 그녀가 드라마 〈남자를 믿었네〉에서 손녀를 정성스레 돌보는 따뜻한 할머니 역으로 출연한 직후의 일이었다.

박주아의 죽음을 둘러싼 의문점들

박주아의 사망진단서에 따르면, 그녀는 다발성 장기부전, 즉 몸속의 장기들이 제대로 작동하지 않음으로 인해 사망에 이른 것으로 기록되어 있다. 그러나 문제는 왜 그녀가 다발성 장기부전 상태에 놓이게 되었는가 하는 점이다. 이와 관련해서는 병원 측이 제시한 서로 다른 두 가지 답변이 존재한다. 즉 그녀의 사망과 관련해서는 서로 다른 두 개의 사망진단서가 존재한다(〈시사매거진 2580〉, 796회, '두 장의 사망진단서', 2011.07.03.)

먼저 그녀가 사망에 이르기까지의 사건 과정을 간략히 정리하면 다음과 같다. 일일드라마 〈남자를 믿었네〉에 출연중이던 박주아는 신장 안쪽에 위치한 신우에 악성종양이 있음을 발견한다. 당시 드라마에 함께 출연 중이던 배우들이나 친구들, 가족들의 말을 종합해 보면, 그녀는 자신이 암에 걸렸다는 사실을 알고도 크게 걱정하지 않았던 것으로 보인다. 건강이 좋은 상태였고(그녀는 일일드라마에 출연중이었다!), 워낙 초기에 발견한 암이라 쉽게 치유할 수 있을 것이라고 믿었기 때문인 것으로 추측된다.

그러나 문제는 4월 18일, 간단할 것 같던 수술을 마친 직후 발생한다. 유가족 측에 따르면 세브란스병원은 다빈치로봇 수술을 적극 권유했고, 그러한 권유에 따라 수술을 진행했지만 수술 직후부터 그녀는 극심한 통증을 호소했다. 의료진이 진통제를 투여했지만 통증은 줄어들지 않았고, 몸에서 담즙과 피고름이 흘러나오기도 하였다. 결국 장천공을 의심한 의료진이 복부 CT 촬영을 진행한 뒤 응급 재수술을 결정했지만, 실제 수술은 수술 결정이 내려진 이후 9시간이 지난 뒤, 1차 수술을 받은 이후로는 30시간이 지난 뒤인 4월 19일 밤 9시가 되어서야 이루어졌다. 이미 패혈증으로 인한 장기부전이 진행된 상태였고, 수술 부위를 확인한 결과 십이지장에서 무려 2.5센티미터 크기의 천공이 발견되었다. 2차 응급 수술을 마쳤지만 그녀는 의식불명 상태에 빠지고 만다.

그런데 그녀의 불행은 여기서 그치지 않았다. 중환자실에서 관리받던 그녀는 5월 9일 항생제를 무력화시키는 장알균(vancomycin-resistance enterococci, VRE)에 감염되어 생사를 오갔으며, 중환자실 내 1인 무균실로 옮겨져 연명하였지만 5월 15일 그녀의 호흡을 돕던 기관절개관이 빠진 채 일정 시간 방치되는 일을 겪게 된다. 이 일로 인해 그녀는 뇌사 상태에 빠지고, 결국 수술 전 '삼일 후에 퇴원할 것'이라고 장담했다는 그녀는 수술을 받은 지 약 한 달이 지난 5월 16일 새벽, 숨을 거둔다.

그녀가 죽음에 이르기까지 겪었던 결코 간단치도 순탄치도 않은 이런 과정과 관련하여 가장 중요하고, 따라서 가장 먼저 물어야 할 질문은 과연 '무엇이 그녀를 사망에 이르게 한 것인가?' 즉 '그녀의 사망 원인은 도대체 무엇인가?'이다. 그리고 앞서 말한 것처럼, 여기에는 두 가지 답변이 존재한다. 우선, 2차 수술을 진행한 일반외과 사망진단서는 십이지장 천공을 그녀의 직접적인 사망원인으로 기록하고 있다. 즉 십이지장 천공을 통해 음식물이 흘러나와 복막염이 발생하였고, 이것이 패혈증으로 진행됨으로써 다발성 장기부전 상태에 빠지게 되어 사망에 이르게 되었다는 소견이다. 당초 그녀가 수술을 받은 원인이었던 신우암은 '기타의 신체 상황' 항목에 기록되어 있을 뿐이다. 반면 다빈치로봇 수술을 진행했던 비뇨기과의 사망진단서에는 십이지장 천공은 기록조차 되어 있지 않다. 신우암만이 기록되어 있을 뿐이며, 이 사망진단서에 따르면 그녀는 신우암 때문에 발생한 다발성 장기부전으로 인해 사망한 것으로 되어 있다.

박주아의 죽음 직후부터 제기된 로봇 수술과 관련된 의료사고 가능성에 대한 의혹들과 두 개의 상반되는 사망진단서를 다룬 MBC 시사매거진의 보도에 대해 세브란스병원 측은 다음과 같은 공식 입장을 밝힌 바 있다.

먼저 병원 측은 사망 진단서가 두 개 존재하게 된 이유를 박주아의 유족들이 외과 쪽의 사망진단서 외에 보험금 청구를 위해 신우암에 대한 내용이 포함된 비뇨기과 사망진단서를 별도로 요구했기 때문이라고 밝히고 있다. 유족들이 요구했기 때문에 신우암을 기록하여 따로 사망진단서를 하나 더 발급해 주었다는 설명이다.

또 알려진 것과는 달리, 박주아의 상태가 처음부터 좋지 않았다고 병원 측은 말하고 있다. 박주아는 국립암센터에서 초기 신우암 진단을 받고 세브란스병원을 방문했지만, 내원한 그녀를 진단한 결과 신우 중부와 하부에서 종양이 발견되는 등 암이 생각보다 많이 진행된 것을 확인했다는 것이다. 이에 빠른 수술을 권했으나 스케줄을 이유로 그녀가 수술을 거부했으며, 그녀의 일정에 따라 4월 초에야 수술을 하게 되었다는 것이 병원 측의 설명이다. 그리고 이때 수술 방법으로 로봇 수술을 선택한 것은

신촌 세브란스병원 전경
유족들의 주장과는 달리 신촌 세브란스병원 측은 어떠한 의료사고도 없었다고 주장했고, 법원은 이를 받아들였다

박주아 본인이었으며, 수술 당일 방광경 검사로 암이 이미 방광까지 퍼진 심각한 상태였음을 확인했다고 밝히고 있다.

관련하여 핵심 쟁점이라고 할 수 있는 십이지장 천공에 대해서도 입장을 밝혔는데, 세브란스병원 측은 그녀의 상태가 초기 진단과 달리 상당히 진행된 상태여서 신장 주변에 유착이 심한 상태였고, 이러한 경우 일반적으로 장천공을 비롯한 합병증이 발생할 가능성이 높다고 설명한다. 유족들이 주장하는 것과는 달리, 십이지장에서 발견된 2.5센티미터에 달하는 천공은 로봇 수술로 인해 발생한 사고의 결과가 아니라, 심각한 질병 상태에서 높은 가능성으로 발생하는 합병증이라는 것이다.

그렇다면 장천공이 발생했을 가능성이 있다는 점을 인지했으면서도 왜 재수술을 하기 전까지 그렇게 많은 시간이 필요했는가? 병원 측은 수술 후 30시간이 지나서야 재수술을 하게 된 경위와 관련해서 정상적인 과정과 절차를 거친 결과일 뿐이라고 주장한다. 그녀는 4월 18일 1차 수술 후 정상적인 회복 과정을 보이고 있었고, 다만 19일 정오경부터 상태가 나빠졌으며, 이에 정확한 진단을 위해 필요한 과정을 거치고, 재수술을 결정하고, 수술을 위한 보호자에 대한 설명 및 동의 절차를 거치고 나니, 밤 9시경이 되어서야 긴급 수술을 진행할 수 있었다는 것이다.

마지막으로 중환자실 기관 삽관 이탈과 관련해서, 병원 측은 중환자실에서 약 14% 확률로 그러한 일이 발생한다는 보고가 있을 정도로 삽관 이탈이 드문 상황이 아님을 주장한다. 그리고 이러한 불행한 상황이 그녀에게 발생했을 때, 즉각적이고 적절한 조치가 이루어졌다고 설명하고 있다.

종합하면, 유족들의 주장과는 달리 어떠한 의료사고도 없었다는 것이 병원 측의 주장이다. 유족 측은 이러한 병원 측의 주장을 받아들이지 않았고, 2011년 7월 4일 신촌세브란스병원의 병원장 1명, 의사 3명, 간호사 1명 총 5명을 허위진단서작성죄, 업무상과실치사죄, 의료법위반 혐의로 형사고발하였다. 그리고 서울중앙지방검찰청은 2012년 12월 27일, 박주아 씨의 죽음과 관련하여 형사 고발된 사건의 모든 건에 대해 증거불충분으로 혐의 없음 불기소처분을 내렸다.

자율적 선택 - 우리는 무엇을 할 수 있고, 얼마나 알아야 하는가?

이 글은 박주아 씨의 죽음과 관련된 어떤 새로운 의혹을 제기하려는 것이 아니며, 그의 죽음에 대한 법적인 혹은 도덕적인 책임을 따져 보려고 시도하지도 않는다. 다만 박주아 씨의 이 안타까운 죽음이 제기하는 특정한 문제를 의료인문학적 관점에서 살펴보고자 할 뿐이다.

사실 박주아 씨의 죽음에는 여러 사건들이 순차적으로 결합되어 있는 까닭에, 관련하여 논의할 수 있는 주제들은 다양하다. 우선 사건 초기부터 제기되었던 로봇 시술의 안정성 문제가 있다. 또 중환자실의 환자 보호 시스템에 대해 논의할 수도 있을 것이고, 포괄적으로 의료 사고의 정의에 대해서도 논의해 볼 수 있을 것이다. 여기서는 그중에서도 특히 환자의 자율성에 대해 논의해 보고자 한다. 다른 문제들은 이미 사건이 벌어진 직후 언론 등을 통해 다루어진 바 있으며, 특히 로봇 시술의 안정성 문제와 관련해서는 로봇 수술 자체의 안정성 문제뿐만 아니라 상업화된 병원이라는 좀 더 큰 틀에서 다양한 논의들이 이미 진행된 바 있다. 그리고 무엇보다 이미 사건이 벌어진 지 10년이 지났다. 그 10년 동안 의료 기술은 또 달라졌고 진보하였다. 따라서 이 사건과 관련하여 로봇 시술의 안정성과 이와 관련된 윤리적 쟁점 등을 논의하는 일은 그 한계가 분명하다.

우리가 주목하는 것은 유족 측이 사건 초기에 강력하게 제기했던, 로봇 수술의 안정성에 대한 병원 측의 설명이 너무나 부족했다는 주장이다. 의료윤리적 관점에서 '충분한 정보에 의한 동의(informed consent)'가 이루어지지 않음으로써 '환자의 자율성'이 침해되었다는 주장으로 정리될 수 있는 유족 측의 이러한 정당한 문제제기는 시간이 흐를수록 다른 쟁점들에 비해 상대적으로 덜 부각된 것으로 보인다. 직접적으로 드러나는 좀 더 심각한 문제들이 있었다는 점이 그 이유이기도 하겠으나, '환자 자율성'이라는 의료윤리적 가치 자체가 쟁점화하기에 매우 까다로운 주제라는 점도 하나의 이유였을 것으로 짐작된다. "박주아 씨 본인이 선택했다." 관련 사안에 대한 병원 측의 이런 너무나도 간단한 답변은 이 지점을 문제 삼는 일이 얼마나 어려운가를 역설적으로 보여준다.

자율성(autonomy)은 '자기'를 의미하는 그리스어 autos와 '통치'를 의미하는 nomos가 결합되어 파생된 말로써 어원적으로 '자기 통제' 혹은 '자기 통치'를 의미한다. 즉 누군가 스스로 자기 자신을 규제하고 통치할 수 있다면, 그는 자율성이 있는 사람이다. 문제는 의료와 같은 전문적인 지식을 요구하는 분야에서 대부분의 사람들은 자기 자신을 스스로 통치하거나 규제할 수 있는 능력이 거의 없다는 점이다. 가령 일상적인 삶에서 자기 자신을 주도적으로 잘 관리하며 통치하던 사람도 갑작스런 사고를 당하거나 병에 걸릴 수 있고, 이 예외적인 상황 속에서 그들은 관련된 문제를 스스로 해결할 수 있는 능력이 없다는 아주 단순한 사실로 인해, '스스로를 통치'할 수 없다. 이러한 경우 사람들은 문제를 해결할 수 있는 능력이 있는 타인에게 자신에 대한 통치를 위임하여야 하고, 이렇게 자신을 스스로 통치할 수 있는가가 쟁점인 자율성의 문제는 의료적 상황 속에서 통치의 권한을 어떻게 타인에게 양도할 것인가의 문제로 전환된다. 당연한 말이지만, 이러한 양도가 어떤 외부적인 압력에 의해 본인의 뜻에 반하여 이루어질 때, 자율성은 완전히 상실된다. 반면 당사자가 자신의 '자율적인 선택'을 통해 자신에 대한 통제권을 해당 문제를 해결할 수 있는 능력을 갖춘 타인에게 스스로 양도한 경우라면, 여전히 자율성이 실현되고 있다고 볼 수 있다. 타인은 매개일 뿐, 여기서 자기 자신의 삶을 통제하는 것은 여전히 자기 자신이기 때문이다.

그러나 실제 현실의 상황은 그리 단순하지 않다. '자율적인 선택'이라는 개념 자체가 어떤 애매함을 내포하고 있기 때문이다. 가령 '자율적'이라는 것은 무엇을 말하는가? 자율적이라는 것이 타인의 강제로부터 독립적이라는 점을 의미한다면, 이때 자율적이기 위해 요구되는 독립성은 어느 정도 수준의 독립성인가? 의료윤리에서는 보통 '자율적인 선택'이 이루어지기 위해 필요한 두 가지 핵심적인 조건으로 '의사결정 능력'과 '충분한 정보 제공'을 말한다. 의사결정 능력을 갖춘 환자가 충분한 정보를 바탕으로 어떤 판단을 내렸다면 '자율적인 선택'이 이루어진 것으로 보는 것이다. 그렇지만 이러한 조건들을 제시한다고 해서 '자율적인 선택'이라는 개념의 애매함이 사라지는 것은 아니다. 그것은 다만 전이되었을 뿐이다. 가령 자율적인 선택을 위해 요구되는 의사결정 능력은 무엇을 의미하며, 어느 정도의 능력을 말하는가? 또 충분한 정보가 제공된다고 할 때, 그것은 어느 수준의 정보가 어느 정도로 제공되는 상황을 가리키는가?

비첨(T. L. Beauchamp)과 칠드레스(J. F. Childress)에 따르면 "의학적 맥락에서는 어떤 사람이 치료 절차 또는 연구 절차를 이해할 수 있고, 그 절차의 주요 위험과 혜택에 관하여 숙고할 수 있으며, 이러한 숙고에 근거해서 결정을 내릴 수 있는 능력"(『생명의료윤리의 원칙들』, 204쪽)이 있을 때, 그가 의사결정 능력이 있는 것으로 간주한다고 말한다. 그리고 여기서 말하는 이해의 수준은 관련 사안에 대한 '완전한 이해'를 의미하지 않는다. 이러한 이해 수준은 달성할 수 없는 하나의 이상일 뿐이다. 의료적 상황에서 요구되는 이해의 수준은 사안에 대한 '완전한 이해'가 아니라 '실질적인 수준'의 이해이며, 이때 '실질적 수준'의 이해란 우리가 일상적 삶에서 여러 선택을 할 때 요구되는 이해의 수준을 의미한다. 즉 주택을 구입하거나 대학을 선택하는 등 일상적 삶에서 행하는 수많은 선택에서 요구되는 것 이상의 특별한 의사결정 능력이 의료적 영역에서 특별히 요구되는 것은 아니다.

그러나 이러한 설명을 사실로 받아들이고, 또 이 설명에 여전히 남아 있는 애매함을 무시한다고 하더라도 문제는 남는다. 의료 영역에서 환자들이 내리는 판단은 그들이 일상적 삶에서 내리는 판단보다 훨씬 더 수동적인 것이 되기 십상이기 때문이다. 자신이 전혀 모르는 분야에서 타인의 도움을 받아야 하는 환자의 상황은 환자로 하여금 판단 자체를 다른 이에게 위탁하기를 원하도록 유도한다. 위기 상황에서 사람들은 그 분야의 전문가에게 전적으로 의존하고자 하며, 비첨과 칠드레스가 스스로 밝히고 있는 것처럼, 여기에는 문화적인 요소도 작용한다. 한국에서 많은 환자들은 자신에게 적합한 의료적 행위를 자율적으로 선택하기보다는, 그러한 선택 자체를 전문가들이 해 주기를 원한다. "상당수의 환자들은 그들 자신이 의학적 결정을 내리는 것은 물론, 어쩌면 어떠한 중요한 방식으로든 그런 결정에 참여하는 것조차 원치 않는다."(같은 책, 188쪽) '환자가 선택했다'는 사실이 어떤 의료적 결정에 대한 책임으로부터 의료 종사자들을 완전히 벗어나게 해 줄 수는 없는 이유이다.

앞서 말했듯, 자율적 선택을 가능하게 만드는 다른 핵심 조건인 '충분한 정보의 제공'과 관련해서도 문제가 되는 것은 역시 애매함이며, 사실 관련하여 제기될 수 있는 문제는 '의사결정 능력'을 규정할 때보다 더 복잡하다. 다행히 문제의 복잡함 때문인지 '충분한 정보의 제공'을 표준화하기 위한 노력은 "충분한 정보에 의한 동의"에 대한 연구를 중심으로 다수의 연구자들에 의해 이루어져 왔다. 그리고 오랜 시간 다양한 논의들이 진행되었지만, 대부분의 논의들은 대체로 "충분한 정보에 의한 동의"를 구성하는 요소로 (1) 의사결정 능력, (2) 정보공개, (3) 이해, (4) 자발성, (5) 동의를 꼽는다.(같은 책, 215쪽) 즉 의료 종사자들은 의료적 행위를 실행하기에 앞서 환자가 의사결정 능력을 가지고 있는지 판단하여야 하며, 의사결정 능력을 가진 환자에게 의료 행위와 관련된 정보를 제공하고, 제공된 정보를 환자가 이해했는지의 여부를 확인한 뒤, 다양한 외적인 영향으로부터 독립하여 환자에 의해 자발적으로 이루어진 동의를 받아야 한다.

대한의사협회 역시 "충분한 정보에 의한 동의"와 관련된 공식 입장을 밝혀두고 있는데, 앞서 언급한 다섯 가지 요소들을 모두 포함하는 가운데, 특히 '정보공개'와 관련해서, 관련 정보가 (1) 진단명, (2) 시행하려는 의료행위의 목적과 내용, (3) 의료행위에 예상되는 이득과 부담, 위험도, (4) 의료행위에 참여하는 의료진 구성의 정보를 포함하고 있어야 함을 명시해 두고 있다.(《의협신문》,「환자를 위한 설명과 동의」, 2016.11.24. (http://www.doctorsnews.co.kr)) 잘 정돈된 입장이라고 판단하지만, 대한의사협회의 공식 입장에서 한 가지 아쉬운 점은 "충분한 정보에 의한 동의"를 구성하는 다섯 가지 요소들 중 '이해'와 관련된 내용이 상대적으로 부족해 보인다는 점이다. 물론 입장문은 "환자가 충분한 정보를 제공받지 못하거나, 이해하지 못한 동의는 윤리적으로나 법적으로 신뢰할 수 없다"고 밝힘으로써, 제공된 정보에 대한 환자의 실제적인 이해 여부가 "충분한 정보에 의한 동의"를 구성하는 핵심 요소임을 분명히 밝혀두고 있다. 그러나 정작 제공된 정보에 대한 환자의 이해 여부를 확인하는 과정이나 그 방법에 대해서는 명확한 언급이 없다. 이해 여부의 확인이 너무나 당연한 절차이고, 정보 제공의 단계에 당연히 포함될 수밖에 없다고 생각했는지는 모르겠으나, 이러한 확인 과정을 명확히 밝혀두지 않을 경우, "충분한 정보에 의한 동의"는 다만 형식적인 절차로 취급될 위험이 다분하다.

결국 사람과 사람 사이의 일이다

환자 자율성 문제는 의료윤리의 유일한 문제가 아니며, 일부 연구자들이 주장하는 것과는 달리, 의료윤리의 가장 근본적인 문제도 아닐 수 있다. 그러나 환자 자율성 문제는 의료윤리 분야에서 가장 많이 논의되는 문제라는 점만은 사실인 것으로 보인다. 그리고 이렇게 많은 논의가 이루어지는 이유 중 하나는 분명 그 개념의 모호함 때문일 것이다.

우리는 지금까지 환자 자율성이나 환자의 자율적 선택이 내포하고 있는 이 모호함을 제거해야 할 문제처럼 다루었고, 제거할 수 있는 문제처럼 언급했다. 그러나 사실 이 모호함은 본질적이며, 따라서 다소 완화시킬 수는 있을지라도 결코 사라지게 만들 수는 없다. 사람마다 의사결정 능력에는 차이가 있고, 이 능력에 영향을 끼치는 저마다의 고유한 내적이고 외적인 환경이 있으며, 이에 따라 환자 개개인이 주어진 상황에서 요구하는 정보의 수준이 또한 다를 것이기 때문이다. 요컨대 환자 자율성 문제를 구성하는 한 축에는 자신만의 고유한 삶을 살아가고 있는 환자 개인이 있다. 그리고 그 반대편에는 이 살아 있는 환자 개인을 이해시키고 설득하여 동의를 얻어내야 하는 의사 혹은 의료 종사자들이 있다. 결국 환자 자율성은 정확히 환자 - 의사의 관계에서 성립하고, 그 개념의 모호함과 문제의 곤란함은 그들이 나누는 대화 속에서 구성된다.

그런데 환자 자율성과 관련된 문제를 곤란하게 만드는 것이 의사와 환자 간의 소통의 문제라면, 우리는 문제를 심각하게 만드는 바로 이 지점에서 그 문제를 해결할 수 있는 실마리를 발견할 수 있다. 사실 우리는 일상적 대화 속에서도 타인을 완전히 이해하지 못한다. 타인의 의도를, 바람을, 생각을, 우리는 다만 추정할 수 있을 뿐이다. 그리고 이러한 추정이 부족하다고 느껴질 때, 우리는 계속 대화를 시도하고, 이러한 반복되는 대화를 통해 그에게 무한히 접근해 간다. 물론 이 접근은 끝내 부족한 것으로 남을 수 있고 그렇게 실패해 버릴지도 모른다. 그러나 이러한 실패가 아무것도 아닐 수는 없다. 어쩌면 대화라는 것 자체가 이러한 실패를, 아름다운 실패를 목표로 하는 것인지도 모른다.

다시 박주아 씨의 죽음으로 돌아와 보자. 그녀와 그녀의 가족들은 수술 전 의사와 어떤 이야기를 나누었을까? 그녀는 질문을 하고 답변을 들었을까? 환자와 의사는 다만 환자라는 역할을 맡은 배우와 의사라는 역할을 맡은 배우가 아니라, 자신의 삶을 살고 있는 사람과 사람으로서 대화를 나누었을까? 그들은 서로를 이해했을까? 좀 더 정확히 말해, 그들은 서로를 나름의 방식대로 오해했을까? 즉 아름다운 실패를 완성했을까? 우리는 알수 없다. 다만 그러한 대화가 있었다면, 아름다운 실패가 있었다면, 이 안타까운 죽음에 조금이나마 위안이 될 수 있지 않을까 뒤늦은 생각을 해 볼 뿐이다. 보통 사람의 어머니로 또 할머니로 평생을 연기했고, 살았던 그녀의 명복을 빈다.

03
—
구하라와 박지선, 두 사람의 죽음과 가족의 의미

최성민

2020년 보건복지부 중앙자살예방센터에서 펴낸 『2020 자살예방백서』에 따르면, 한국은 OECD 국가 중 자살률 1위이다. 하루 평균 37.5명이 스스로 목숨을 끊고 있다. 2018년 경찰청 통계에 따르면, 자살의 원인은 정신질환적 문제가 31.7%, 경제적 문제가 25.0%, 신체질병 문제가 20.6% 순으로 높았다. 30세 이하에겐 정신적 어려움이, 31~60세에겐 경제적 어려움이, 61세 이상에겐 신체적 어려움이 자살의 원인으로 높게 나타났다.

끔찍하고 슬픈 통계다. 인구 10만 명 당 자살률 통계를 보면, 1998년에 자살률이 크게 높아진 것을 확인할 수 있다. 그리고 2008년 이후 다시 자살률이 높아진다. 1997년은 IMF 외환 위기가 닥친 해이고, 2008년은 미국발 금융 위기가 닥쳤던 해이다. 2008년 배우 최진실 씨와 2009년 노무현 전 대통령의 타계도 자살률에 영향을 준 것으로 알려져 있다.

스스로 목숨을 끊는 일에 대해 이야기하는 것은 언제나 조심

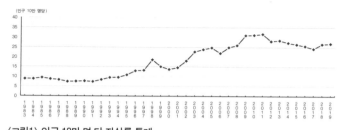

〈그림1〉 인구 10만 명 당 자살률 통계
(출처: 한국 국가지표체계, https://www.index.go.kr/unify/idx-info.do?idxCd=8040)

스럽다. 괴테의 1774년 작품 『젊은 베르테르의 슬픔』의 주인공 베르테르는 연인 로테에게 실연을 당한 후, 권총으로 자살을 한다. 이 소설이 인기를 끌자 유럽 전역에서 젊은이들이 권총으로 자살을 하는 '모방 자살'이 속출했다고 한다. 심지어 베르테르처럼 노란 조끼에 파란 코트를 입고, 부츠를 신은 채 자살을 하는 노골적인 모방도 이어졌다. 이런 일이 반복되자, 한동안 독일과 이탈리아 등지에서 이 작품은 '금서'가 되었다. 이른바 '베르테르 효과'라고 불리는 현상이다. 유명인의 자살이 알려지면, 자살률이 급증하는 일이 벌어지곤 한다. 자살을 언급하는 것조차 조심스러워지는 이유다.

그러나 2018년 통계 기준, 청소년의 13.3%가 자살을 생각해 본 적이 있다고 말하고, 성인의 4.7%가 자살을 생각해 본 적이 있다는 나라에서 '자살'을 금기어로 두고 감출 수만은 없다. 코로나19 이후 심리적 불안감은 급격히 높아졌다. 보건복지부에서 발표한 2021년 1분기 코로나19 정신건강 실태조사에 따르면, 자살을 생각한다는 비율은 16.3%에 이르렀다. 자살을 옹호할 수도 없지만, 자살할 생각을 하거나 실제 시도를 하는 사람들을 무조건 비난하는 것이 능사는 아니다. 자살률이 국가에 따라, 시대 흐름에 따라 차이를 보이는 것은 자살이 그저 개인의 '나약한 심성' 탓이거나, '비관적인 염세주의'의 영향만은 아니기 때문이다.

그럼에도 불구하고 자살 사건의 언론 보도는 문제가 많다. 2013년 한국기자협회와 보건복지부, 중앙자살예방센터는 '자살 보도 권고 기준'을 제정하였고 두 차례 개정을 거쳐 지금에 이르렀다.

〈자살 보도 권고 기준〉 3.0*

1. 기사 제목에 '자살'이나 자살을 의미하는 표현 대신 '사망', '숨지다' 등의 표현을 사용합니다.

---

* 한국기자협회(http://www.journalist.or.kr/news/section4.html?p_num=12)

2. 구체적인 자살 방법, 도구, 장소, 동기 등을 보도하지 않습니다.

3. 자살과 관련된 사진이나 동영상은 모방 자살을 부추길 수 있으므로 유의해서 사용합니다.

4. 자살을 미화하거나 합리화하지 말고, 자살로 발생하는 부정적인 결과와 자살예방 정보를 제공합니다.

5. 자살 사건을 보도할 때에는 고인의 인격과 유가족의 사생활을 존중합니다.

최근에는 자살 사건 보도 시에 다음과 같은 내용을 덧붙이도록 권장되고 있다.

우울감 등 말하기 어려운 고민이 있거나 주변에 이런 어려움을 겪는 가족·지인이 있을 경우 자살예방 상담전화 ☎1393, 정신건강 상담전화 ☎1577-0199, 희망의 전화 ☎129, 생명의 전화 ☎1588-9191, 청소년 전화 ☎1388, 청소년 모바일 상담 '다 들어줄 개' 어플, 카카오톡 등에서 24시간 전문가의 상담을 받을 수 있습니다.*

---

* 출처: 한국기자협회(http://www.journalist.or.kr/news/section4.html?p_num=12)

세부적으로는 자살 동기를 단순화하여 표현해서는 안 되고, 명확하게 사인이 밝혀지기 전에 자살로 단정하여 표현해서는 안 된다는 원칙이 제시되어 있다. 또 '벼랑끝 선택', '마지막 탈출구', '~을 이기지 못해 자살' 등처럼 극적인 묘사를 하거나 타인을 살해하고 자살하는 것을 '동반자살'과 같이 표현하지 않도록 하였다. 자살을 사회적 문제로 제기할 때에도 '사회적 모순'이나 '제도의 미비'가 자살의 원인으로 제시되어, 또 다른 자살을 유발하지 않도록 유의해야 한다고 강조하였다. 이러한 원칙은 전통적인 방송 뉴스나 신문 기사뿐만 아니라, 유튜브, 1인 방송 등에서도 준수해야 한다고 강조한다. 특히, 자살 사건은 가급적 보도하지 않도록 하고, 주요 기사로 다루지 않도록 권고한다.

그러나 현실은 그렇지 못하다. 2019년 이후의 기사만 찾아봐도, 가수, 배구선수, 개그우먼, 래퍼 등의 죽음을 보도하는 기사에 '속보', '단독'이라는 경쟁적 보도 행태를 드러내는 문구가 포함되어 있다. 가족과 동료들에게 현재 심경을 묻는 보도도 빈번하다. 구체적인 자살 방법을 추정하여 보도하거나, 자살 동기역시 추정하거나 루머에 의존하여 쓰는 경우도 많다. 심지어 경찰과 유족이 보도를 원치 않았음에도 유서 내용을 '단독 특종'으로 보도한 경우도 있다.

지금 이 글에서 이야기하려는 두 사람에 대한 보도도 마찬가지였다. 이 글에서는 이들의 사망 동기나 이유, 방식에 대해서는 가급적 언급하지 않을 것이다. 이미 보도된 바에 따르면, 이들의 죽음이 자살이었던 것으로 보이지만, 이들의 선택에 대한 옹호나 비판은 물론, 자살의 원인 역시, 이 글의 목적이 아니다.

이 글의 초점은 죽음과 '가족'의 연관 관계에 있다. 보건복지부에서 발표한 2021년 1분기 국민 정신건강 실태조사 결과에 따르면, 자신에게 심리적 지지를 제공해주는 존재로 '가족'을 꼽은 사람이 62.6%로 가장 높았다. 친구 및 직장동료 21.3%, 정신건강 전문가는 3.5%였다. 없다는 답변도 9.6%에 달했다. 심리적 불안을 버티게 해주는 존재로 대부분의 사람들은 '가족'을 꼽았다. 다만 19~29세의 경우에는 가족이 44%, 친구 및 직장동료가 36.2%였다. 20대의 경우에는 친구와 동료에 의지하는 비율이 상대적으로 높았지만, 그래도 가족에 의지한다는 의견이 제일 많았다. '가족'이 최후의 버팀목이 될 가능성이 크다는 것이다.

이 글에서 언급할 구하라, 박지선 두 사람의 명복을 빌며, 이들의 삶과 죽음, 그리고 가족에 대해 이야기를 시작해 본다.

구사인 볼트, 구하라

구하라는 1991년 광주광역시에서 태어났다. SM엔터테인먼트와 JYP엔터테인먼트의 연습생을 거쳤는데, 데뷔 기회는 DSP 미디어(구 대성기획)에서 찾아왔다. DSP의 걸그룹 카라의 멤버였던 김성희가 갑자기 팀을 떠나게 되자, 2008년 카라의 새 멤버로 갑작스럽게 데뷔하게 된 것이다. 2008년 7월 카라의 미니1집《Rock You》로 공식 데뷔했고, 같은 해 12월 미니2집《Pretty Girl》이 인기를 끌었다.

구하라가 속한 '카라'는 '생계형 아이돌'이라는 별명으로 불렸다. 2007년 같은 해에 데뷔한 원더걸스(JYP엔터테인먼트)와 소녀시대(SM엔터테인먼트)가 데뷔 직후부터 화려한 인기를 누린 것에 비하면, 카라는 상대적으로 큰 주목을 받지 못했다. 소속사의 지원이 넉넉하지 못했고, 인지도를 높이기 위해 방송 프로그램과 행사를 가리지 않고 출연한다고 해서 팬들의 동정심을 유발한다는 얘기를 듣기도 했다. 2009년 〈Honey〉와 〈미스터〉, 그리고 2010년 〈루팡〉이 히트하면서, 카라는 정상급 걸그룹으로 떠올랐다. 그리고 2011년부터는 일본에서의 활동 비중을 크게 늘렸다. 일본에서도 오리콘차트를 휩쓸고 일본 골드디스크에서 5개 부문 수상을 하는 등 정상급 인기를 누렸다.

구하라 개인이 크게 주목을 받게 된 것은 2009년 MBC 추석 특집 프로그램 〈달콤한 걸〉에서였다. 소녀시대, 브라운아이드 걸스, 카라, 포미닛, 애프터스쿨, 티아라 등 당시 인기 걸그룹들이 총망라하여 출연했고, 〈무한도전〉 출신 제영재 PD가 연출을 맡아서 걸그룹 멤버들에게 〈무한도전〉 식 몸싸움이나 못 박기, 달리기 시합을 시켜서 화제가 되었던 프로그램이다. 2010년 이후 MBC TV의 명절 단골 프로그램이 된 〈아이돌 육상대회〉의 원조격이라고 할 수 있다.

〈달콤한 걸〉에서 구하라는 몸을 아끼지 않고 최선을 다하는 모습을 보여주었다. 특히 달리기 시합에서는 탁월한 스피드로 다른 가수들을 압도했지만, 마지막 결승전에서 크게 넘어지는 바람에 아깝게 우승을 놓쳤다. 이때를 계기로 구하라는 당대 최고의 단거리 육상 선수 '우사인 볼트'의 이름을 차용한 '구사인 볼트'라는 별명으로 불리게 되었다. 그 이후로도 각종 예능에서 작은 체구에 어울리지 않게 힘과 스피드가 남다른 모습을 보여 주었고, 의욕이 넘치다보니 종종 넘어지는 모습도 보여주어 '꽈 당하라'라는 별명이 붙기도 했다. 그만큼 무엇이든 열심히 최선을 다하는 모습, 적극적이고 발랄한 태도로 매력을 뽐냈다.

콘서트 전경
화려한 콘서트의 조명이 꺼지고 난 후, 갑
작스럽게 드는 공허감이 우울증을 불러온
다고 말하는 가수들이 많다.

카라는 2010년 최고의 전성기를 누렸고, 그 이후 국내 활동은 점차 하락세를 보였다. 2011년 초 카라 멤버들과 소속사 사이의 불협화음이 드러났다. 같은 해, 구하라와 다른 남자 아이돌 가수와의 연애 관계가 공개되었고, 2년 뒤 결별 역시 큰 화제를 모으기도 했다. 2013년에는 MBC 〈라디오스타〉에 출연해서 짓궂은 진행자들의 요구에 구하라와 강지영이 울음을 터트리며 구설수에 오르는 일도 있었다. 2014년 카라의 멤버였던 니콜과 강지영이 탈퇴하고 새로운 멤버로 허영지가 투입되었지만, 카라의 인기는 예전만 같지 않았다. 결국 2016년 구하라는 박규리, 한승연과 함께 DSP와의 계약을 종료하였고, 사실상 카라의 활동 역시 마무리되었다.

대중들 앞에서 밝고 적극적이었던 구하라의 모습도 점차 보기 어려워졌다. 2017년에는 논현동의 수십 억 원 대 건물주가 되었다는 소식으로 부러움을 사기도 했지만, 2018년 이후 구하라는 전 남자친구와의 폭행 관련 논란, 자살 시도설 등 그다지 밝지 못한 이슈로 매스컴에 등장했다. 그리고 2019년 11월 24일, 구하라는 청담동 자택에서 숨진 채 발견되었다. 28세의 나이였다.

걸그룹 f(x) 출신의 가수 겸 배우 설리가 세상을 뜬 지 41일 만의 일이어서 팬들의 충격은 더욱 컸다. 아름다운 외모와 당찬 성격으로 인기를 누리기도 했지만, 이런저런 악플과 비판의 대상이 되곤 했고, 동료 가수와 공개 연애 후 결별을 경험했다는 점에서 설리와 구하라는 공통점이 많았다. 팬들 입장에서도 심리적인 불안함이 느껴질 만큼 걱정스러운 모습을 종종 보였음에도, 소속사나 주변의 대응이 미흡했다는 점도 마찬가지였다. 2019년 10월 14일 설리의 죽음 이후, 구하라는 인스타그램에 "언니가 네 몫까지 열심히 살게."라고 조의를 표했다. 이후 구하라는 11월 13일 일본에서 첫 솔로 싱글 앨범을 발표하고, 후쿠오카, 오사카, 나고야, 도쿄로 이어지는 투어를 진행했다. 11월 19일 도쿄에서의 공연은 구하라의 마지막 공연이었다. 일정을 마치고, 11월 22일 귀국한 다음 날, 구하라는 자신의 인스타그램에 "잘자"라는 글과 사진을 올렸는데 그것이 마지막 SNS 메시지가 되었다.

구하라의 죽음과 구하라법

구하라의 죽음 이후에도 여느 연예인들의 죽음처럼, 팬들의 추모와 애도가 이어졌지만, 평온하게 명복을 빌기는 어려웠다.

구하라의 사망 직후, 친모 송 모 씨의 변호인들이 구하라 소유의 부동산을 비롯한 재산 상속을 요구했다는 소식이 전해졌다. 송 모 씨는 구하라가 아홉 살 때 가출한 이후, 20여 년 동안 연락도 거의 없었다고 한다. 구하라의 오빠 측 변호인에 따르면, 구하라는 모친으로부터 버림받은 트라우마, 분노, 공허감을 자주 표출했다고 한다.

2019년 당시 상속법(민법 제1000조)에 따르면, 상속 순위는 직계비속, 직계존속, 형제자매, 4촌 이내의 방계혈족 순으로 정해져 있다. 사망자가 배우자나 자녀 없이 사망하였을 경우, 재산 상속은 직계존속, 즉 부모에게 우선권이 있다는 뜻이다. 상속법상, 부모가 양육 의무를 다하였는지에 대해서는 별도 규정이 없다. 민법 1004조에는 상속인의 결격 사유를 다섯 가지로 명시해 놓고 있지만, 고의로 피상속인이나 선순위에 있는 자를 살해하려 하거나 상해를 가한 경우, 혹은 유언 관련 방해, 사기, 강박, 위조, 변조, 파기, 은닉을 한 경우로 한정된다.

2020년 4월 이른바 '구하라법'에 대한 국민동의 청원이 10만 명의 동의를 획득했다. 구하라의 친모 송 모 씨처럼 양육 의무는 다하지 않은 부모가 사망한 자녀의 유산을 상속받지 못하게 하라는 요구였다. 20대 국회의 종료 시점이어서 법안 개정에는 이르지 못했지만, 국민들의 관심은 뜨거웠다. 2021년 6월 민법 일부 개정안이 국무회의를 통과했고, 국회에서 심의 중이다. 이와는 별개로, 양육 의무를 다하지 않은 부모에게 공무원 유족에게 지급하는 유족연금과 유족급여를 제한하도록 한, 이른바 '공무원 구하라법'은 이미 법안이 개정되어 시행 중이다.

'구하라법'이라 불리는 민법 개정안의 핵심은 1004조 2항에 상속권 상실 제도를 신설한 것이다. 상속인이 될 사람이 피상속인에 대하여 중대한 부양의무의 위반, 중대한 범죄행위, 학대 그 밖의 심히 부당한 대우 등을 한 경우 피상속인이나 법정상속인의 청구에 따라 가정법원이 상속권 상실 여부를 결정하도록 한 것이다. 다만 상속권 상실의 사유가 존재하더라도 피상속인이 용서를 통해 상속권을 계속 인정할 수 있도록 하였으며, 상속권 상실의 경우에는 대습상속을 허용하지 않도록 하여 피상속인의 의사에 반하는 상속이 일어나지 않도록 했다.

정부는 이 개정 법률안의 국무회의 통과를 알리면서, '구하라법'이라 불리던 법률 제도 보완책을 반영한 것이라고 밝혔다. 구하라의 사망 이후 벌어진 논란이 이 법률 개정의 핵심적 계기였음을 명시한 것이다.

우리 속담에 '피는 물보다 진하다'라는 말이 있다. 혈연을 강조하는 표현이다. 앞서 살펴본 것처럼 대다수의 사람들은 힘들 때일수록 심리적 지지의 대상으로 '가족'을 꼽고, 가족에 의지하며 고통을 버텨내곤 한다.

옛날 설화나 고전 소설에는 유난히 '계모', '계부'를 악인으로 표현해 놓은 경우가 많다. 콩쥐팥쥐나 장화홍련, 신데렐라 이야기가 대표적인 경우이다. 혈연관계로 맺어지지 않은 부모 자식 관계는 악연이 되는 경우가 많다는 고정 관념이 반영된 것이다.

그림 형제의 동화 〈헨젤과 그레텔〉도 계모에 의한 아동 학대 이야기로 널리 알려져 있다. 가난한 나무꾼의 아이였던 헨젤과 그레텔 남매가 계모에 의해 깊은 숲속에 버려진다. 하얀 조약돌로 돌아올 길을 표시해 둔 남매는 집으로 다시 돌아올 수 있었다. 두 번째 버려졌을 때는 빵 조각으로 길을 표시해 두었지만, 동물들이 빵 조각을 먹어 버려 길을 잃고 만다. 남매는 길을 헤매다가 과자와 사탕으로 만든 집을 발견하고 기뻐하지만, 이는 아이들을 유혹하려는 마녀의 계략에 빠진 것이었다. 독일의 전승 설화를 바탕으로 한 이 무서운 이야기에는 계모와 마녀가 등장하는데, 그림 형제의 초판본에는 계모가 아니라 친모로 되어 있었다고 한다. 추후 아이들의 정서를 고려하여 친모를 계모로 수정했다는 것이다.

최근 종종 들려오는 '아동 학대'나 가정 내 성범죄 사건 보도를 보면, 계부나 계모, 혹은 양부나 양모에 의한 사건들도 있지만, 친부모에 의한 사건도 적잖게 눈에 띈다. 그럴 때면 대중들의 분노와 충격은 한층 더 커진다. 어찌 내가 낳은 자녀에게 그럴 수가 있느냐는 것이다.

인간은 지구상의 수많은 포유동물 중에 가장 미숙한 새끼를 세상에 내놓는 생명체 중 하나다. 인간의 아이는 태어나자마자 혼자 먹이를 찾아 먹지도 못하고 걷지도 못한다. 갓 태어난 아이는 누군가의 돌봄 없이는 생명을 유지할 수 없다. 대부분의 경우, 돌봄은 친부모의 몫이 된다. 부모가 나이가 들면 돌봄의 대상과 역할이 바뀐다. 자식이 부모를 봉양하거나 경제적으로 지원하게 되는 것이다.

그러나 그렇지 않은 사람도 있다. 혈연으로서의 의무를, 돌봄의 의무를 저버리는 이들이다. 혈연이 아닌 입양 자녀에게 친부모 이상의 헌신과 사랑을 베푸는 부모도 있고, 친부모라 하더라도 자녀에게 끔찍한 학대와 고통을 안겨주는 경우도 있다.

대개 사망한 사람이 남긴 재산은 공공의 영역인 세금을 제외하면 배우자와 직계 존비속에게 우선 상속된다. 각국의 상속법이 조금씩 다르지만, 가족이 우선되는 것은 어느 나라나 마찬가지다. 가족은 인류의 가장 작고 오래된 사회 단위이기 때문일 것이다. 2018년 헌법재판소는 "부양 의무의 이행과 상속은 서로 대응하는 개념이 아니다"라고 해석한 바 있다. 이것은 기존 민법의 조항 위에서 해석된 것이기에, 당위적이고 논리적인 해석은 아니다. 부양 의무와 상속의 권리를 비례적으로만 접근하는 것은 바람직하지 못하다. 양육이나 부양이 상속을 통해 경제적 이권을 얻기 위한 행위일 수 없기 때문이다. 그러나 돌봄과 부양은 인간으로서 영위해야 할 삶에서의 가장 기본적이고 당위적 윤리이며 책임이다.

상속의 결격을 명시하는 것은 혈연을 부정하려는 것이 아니라, 가족의 가치와 인간의 윤리를 높이기 위한 조치다. 이혼 가정, 한 부모 가정, 입양 가정이 증가하는 시대적 흐름을 고려할 때, 더욱 시급히 필요한 조치라 할 수 있다. 진정한 가족의 가치는 단순한 핏줄 관계보다 더 높은 곳에 있어야 한다.

멋쟁이 희극인 박지선

희극인 박지선은 1984년 12월 24일 인천에서 태어났다. 고려대학교 사범대학 국어교육과를 졸업했고, 2007년 KBS 코미디언 공채 22기로 데뷔했다. 데뷔 이후에도 큰 주목을 받지 못하고 무명 생활을 하는 코미디언들도 많은데, 박지선은 일찌감치 두각을 나타냈다. 데뷔하던 해인 2007년 KBS 연예대상에서 신인상을 수상했고, 2008년 우수상, 2010년 최우수상을 수상했다. 외모로 인해 '못생긴 여자' 역할을 주로 맡았고, 자학적인 개그도 많이 했지만, 흔히 그렇듯 소모되지만은 않았던 것은 그녀만의 분명한 매력과 연기력이 있었기 때문일 것이다.

개그콘서트에서는 "엄마도 저 속였잖아요! 열심히 공부해서 대학교 가면 남자친구 생긴다고 갔는데 안 생겼잖아요!"와 같은 자학적 개그를 하기도 했지만, 2015년 청춘 페스티벌 강연에서는 "저는 제 얼굴을 사랑해서 날 사랑해줄 수 있는 집단을 찾아간 것 같아요. 잇몸 교정도 안 하고 어떤 시술도 하지 않을 겁니다. 나 자신조차 나를 사랑하지 않으면 누가 날 사랑해주겠어요?"라며, '자신을 사랑하라'는 선한 영향력의 메신저가 되기도 했던 이가 박지선이다.

"똑똑한 개그우먼이 아니라 진정한 광대가 되기 위해 노력하겠다."는 수상소감을 전하기도 했던 그녀는 스스로를 낮출 줄 알았지만 스스로를 소중하게 여기는 사람이었고, 그런 긍정적이고 밝은 에너지에 공감하고 위로받은 많은 사람들이 그녀를 아끼고 사랑했다.

개그뿐만 아니라, 시트콤 〈하이킥, 짧은 다리의 역습〉에서 연기력, 〈유희열의 스케치북〉에서 진행 실력, 〈복면가왕〉에서 노래 실력을 뽐내기도 했다. H.O.T를 비롯한 아이돌 가수들의 열혈 팬이었던 것도 유명해서, "덕후(열혈 팬)의 마음은 덕후가 안다"며 가수들의 팬미팅 사회자로 널리 활약했다.

방송에서만이 아니라, 일상생활 속에서도 늘 남들에게 유쾌하고 즐거움을 전해주는 이들에게 '뼛속까지 개그맨'이라는 뜻으로 '뼈그맨'이라는 표현을 쓰기도 하는데, 박지선이 바로 뼈그맨이었다. 그녀는 동료 개그맨들이나 가수들, 그리고 어머니와 나눈 대화를 종종 인용하여 트위터에 올려놓곤 했는데 재치 있고 재미있는 대화들이 가득하다. 가령 이런 식의 내용이다.

"방송에 이쁘게 나오기 위해 아침 일찍 일어나 샵에 갈 준비를 하고 있던 나에게 엄마가 한마디 했다. '쓸데없는 짓 하지 말고 더 자라.' 그래서 푹 잤다.", "엄마가 방금 나한테 '너 진짜 특이하게 생겼다' 하고 지나갔다. 곰곰이 생각해보니 굉장히 분하다!!", "예전에 경환 오빠한테 카톡으로 '자니?'라고 보냈는데 '응, 잔다'라고 왔었다. 아름다운 밤이었다." 자학적이면서도 불쾌하지 않고 밝고 환한 미소가 지어지는 것이 그녀의 개그였다.

박지선은 그녀의 트위터에 스스로 써놓았던 것처럼 "멋쟁이 희극인"이었으며, 많은 이들에게 '선한 영향력'을 미친 아름다운 사람이었다.

유재석과 조세호가 진행하는 tvN 〈유퀴즈 온 더 블록〉 27회(2019년 7월)에 출연한 박지선은 자신은 늘 모든 면에서 느렸다며, 첫 연애도, 운전을 배운 것도 남들보다 느린 편이었다고 말했다. 요즘 어떤 것이 고민이냐는 질문에는 "이제 이사를 하고 혼자 독립해서 살아보려 하는데, 남들보다 느린 내가 잘 할 수 있을까"를 고민한다고 털어놓기도 했다. 남들보다 느렸다던 그녀는 너무나 빨리 세상을 떠났다.

박지선 모녀의 죽음

2020년 11월 2일 오후, 박지선은 자택에서 모친과 함께 숨진 채 발견되었다. 그 누구보다 밝고 유쾌했던 사람이었기에 동료들과 팬들의 충격도 컸다. 그녀와 친한 동료, 선후배들 중에 라디오 진행자들이 유난히 많았는데, 안영미, 김신영, 정선희, 정경미 등은 사건 직후 방송 진행을 하지 못할 만큼 충격을 받았다.

《조선일보》와《스포츠조선》은 경찰과 유족이 공개하지 않기

로 했던, 유서 형식의 메모 내용을 보도하여 비난을 샀고, 한국
신문윤리위원회로부터 경고 제재를 받기도 했다.

박지선의 죽음 소식이 한층 가슴 아팠던 것은 그녀의 어머니
와 함께 숨진 채 발견되었다는 사실이었다. 박지선이 트위터나
방송에서 자주 언급했던 어머니였고, 그녀 이상으로 밝고 유쾌
한 마음을 가진 분일 것이라 생각되었기에 더욱 충격이었다. 왜
모녀는 함께 세상을 등져야만 했을까.

두 사람이 어떤 이유로, 어떤 마음으로 세상을 등졌는지 정확
히 알지도 못하지만, 이 글에서 그것을 짐작으로 추론하고자 하
는 것은 아니다. 너무나 다정하고 각별했던 모녀가 함께 세상을
떠나는 것이 얼마나 가슴 아픈 일인가에 대한 이야기만 하고자
한다.

흔히 '동반자살'로 보도 되는 사건에는 여러 유형이 존재한다.
서로 잘 모르는 이들이 자살의 두려움을 나누기 위해 한 장소에
모여 말 그대로 동반자살을 모의하여 실행하는 경우도 있다. 어
떤 신념이나 종교적 의지로 인해 뜻을 같이하는 여러 사람이 함
께 목숨을 끊는 경우도 있다. 또, 누군가의 죽음을 목격하거나
막지 못한 자책감에 뒤따라 목숨을 끊는 경우도 있다. 그리고
누군가를 죽이고 스스로 목숨을 끊는 경우도 있다. 이 경우들

중에 첫 번째, 두 번째 경우와 달리, 세 번째, 네 번째 유형은 가족 관계인 경우가 많다. 심리적 지지를 해 주고 마지막 버팀목이 되어 주어야 하는 가족이 도리어 그 반대의 역할을 하게 되는 경우들이다. 특히 네 번째의 경우는 사실상 동반자살이 아니라, 살인 범죄가 내포된 경우다.

2015년 일본의 《마이니치신문》에서는 '간병살인'이라는 기획 시리즈 기사를 게재한 바 있다. 고통스럽거나 치명적인 질병에 시달리는 환자를 힘겹게 간병하던 가족이 도리어 그 환자를 살인하게 되는 비극에 대한 기획 취재 기사이다. 2018년 《서울신문》은 한국에서의 간병살인 사례들을 탐사 취재하여 기획 연재 기사를 게재하였다. 〈간병살인, 154인의 고백〉이라는 기획이다. 일본과 한국 양국에서 각기 기획 연재되었던 이들 기사는 각각 『간병살인』, 『간병살인, 154인의 고백』이라는 제목의 책으로 출간되기도 했다.

앞서 심리적 지지의 역할을 주로 가족에 의존한다는 설문 조사의 결과는 '힘들수록 가까운 가족이 제일'이라는 사고방식에서 보면 어쩌면 당연한 듯싶지만, 사실은 매우 위험할 수도 있는 상태임을 보여준다. 가족은 가장 가까이 있기에, 심리적, 경제적, 육체적 고통을 이미 함께 나누고 있을 가능성이 크다. 그리고 너무나 가깝기 때문에, 따뜻하게 보듬어줄 가능성도 크지만, 그 기대감만큼 충족되지 못했을 때 충격을 받을 가능성도 크다. 그리고 객관적이고 냉정한 대응이 어려운 것도 당연하다. 다시 말해서, 많은 사람들이 심리적 지지를 가족에게 얻고자 하지만 가족 역시 그럴 수 있는 심신의 여력이 없는 경우가 많다는 것이다. 서로를 보듬어주고 버텨 줄 힘이 없는 가족들이 함께 고통을 나누다가, 자칫 더욱더 큰 비극으로 전개될 수 있다.

가족이라는 것

정부가 발표하는 국가지표체계 통계에 따르면, 1970년부터 현재까지 평균 가구원 수는 꾸준히 감소하는 추세이다. 평균 가구원 수는 1970년 5.2명에서 2000년 3.1명, 2019년 2.4명까지 줄어들었다. 1970년에는 6인 이상 가구가 43.8%, 5인 가구는 17.7%였지만, 2019년에는 6인 이상 가구는 1.0%, 5인 가구는 3.9%인 반면, 1인 가구는 30.2%, 2인 가구는 27.8%를 기록했다. 1970년에는 대부분 5~6인 가구에서 살았고, 2019년에는 대부분 1~2인 가구에서 살고 있는 셈이다.

가구원 수와 가족이 같은 의미는 아니지만, 가구원 수의 변화

가족의 의미
가족은 어떤 의미일까. 자녀의 삶과 죽음에
있어서, 부모의 역할은 과연 어디까지일까.
특히 행복의 시기를 지난 뒤에, 그 질문이
갑자기 무겁게 다가오곤 한다

만큼이나 함께 먹고 자며 살아가는 가족의 의미 역시 달라지고 있다. 부모가 자식을 낳았다는 이유만으로 상속 우선순위를 주장할 수 없으며, 목숨을 좌우할 권리를 가질 수는 없다. 자식도 부모에게 마찬가지다. 자식이 현재의 자신의 처지를 비관한다고 하더라도 양육과 인성 교육, 신체적 질병 그리고 경제적 책임 등을 모두 부모에게 떠넘길 수만은 없지만, 자식이 제아무리 잘나도 부모와 무관한 존재로만 살아갈 수도 없다.

우리 사회가 지금껏 발전하는 과정에서 가족의 역할은 아주 중요했다. 한국사회 성장의 원동력이라고 하는 높은 교육열과 성실함은 가족의 틀 안에서 키워지고 추구될 수 있었다. 가난하고 어렵던 시절에도 가족 안에서의 심리적 안정과 경제적 나눔은 위기를 극복하는 밑거름이 되었다. 공공 영역이 충분히 역할을 담당하지 못하는 동안, 최저 생계의 보전, 보육과 교육, 간병과 간호도 가족이 떠맡아 사회적 부담을 최소화할 수 있었다.

그러나 그 과정에서 가족은 때로는 너무 큰 짐을 져 왔다. 때로는 최소한의 짐조차 나누어 지기를 거부한 이들에게 혜택과 보상을 안겨주느라 상대적 박탈감에 시달리는 이들도 생겼다. 죽음이라는 비극 앞에서도 마찬가지였다. 가족의 의미를 과대평가하거나 과소평가하는 것, 혈연의 책임을 과도하게 지우는 것과 무책임하게 회피하는 것은 모두 다 곤란하다. 그렇게 되면 죽음의 비극은 한층 더 큰 비극이 될 수도 있다.

구하라와 박지선, 두 사람의 죽음은 안타깝고 충격적인 비극이었다. 이를 계기로 가족의 의미를 다시 생각하며, 두 사람의 영원한 안식을 빌어 본다.

04

—

이영훈,
사랑을 쓴다는 것,
죽음을 기억한다는 것

조태구

문득 기억이 나, 한 소절 흥얼거리다 이내 멈춰 버린다. 너무 빠져 버리면 곤란하다. 오전을, 하루 전체를 감상에 빠져 보내기에 이제 나는 너무 낡았고 책임져야 할 사람들과 일이 많다. 기억이란 사랑보다 더 슬프지만, 삶은 이런 기억 자체를 통제한다. 문제는 죽음이 스며든 기억은 때때로, 안개꽃 향기처럼, 삶의 통제조차 벗어나 버린다는 점이다.

초등학교 4학년 때 그의 노래를 처음 들었다. 낡은 지붕 사이로 파란 조각하늘이 보이던 좁다란 골목길에 살던 시절이었다. 그 하늘이 아름다웠던 기억은 내게 없다. 또래보다 조숙하기를 원했던 것일까? 초등학교 시절 친하게 지내던 단짝 친구가 어느 날 고등학교 다니는 형이 듣는 노래라며 귀에 이어폰을 꽂아 주었다. 그렇게 바람이 불고 꽃이 떨어졌다. 그게 시작이었다. 좁은 골목길 작은 방 안에서 그의 노래를 듣고 또 들었다.

중학교 시절은 서태지가 강타한 문화대격변기(?)였다. 장기

자랑에서 '서태지와 아이들'의 〈하여가〉를 부른 아이를 난감하다는 듯 바라보던 선생님의 표정이 아직도 생생하다. 우연히 반 아이들 중 한 명이 그를 좋아한다는 사실을 알게 되었다. 드문 일이었다. 농구에 모든 것을 바친 삶을 살던 때였음에도, 그 아이와는 몇 마디 말도 나누어 본 적 없는 사이였음에도, 점심시간을 통째로 그 아이와 함께 보냈다. 한 곡씩 번갈아 부르기 시작했다. 점심시간이 끝나갈 무렵 3집 앨범에서 출발한 우리의 노래는 7집의 마지막 곡 〈풋잠 속에 문득〉에 도달해 있었다.

이런 기억들은 어른이 되고 난 후에는 커 보이지 않는다. 하지만 커 보이지 않는다고 지워지는 것은 아니다. 작은 기억들은 다시 소환되고 반복되며, 오랜 시간을 건너뛰어 현실이 된다. 대학시절 선배의 차 안이었다. 평소처럼 술을 마시러 가는 길, 라디오에서는 그의 노래가 흘러나오고 있었다. 내가 아는 체 하자, 선배가 더 아는 체 했고, 그렇게 우리는 회기동에서 노량진까지 한강을 따라 달리며 그의 노래를 불렀다. 아직 술자리를 시작도 하기 전에 우리는 취해 있었다. 그날 과음을 했고, 집으로 돌아가지 못했다. 선배의 집에서 잠이 들 때쯤, 서러워 누군가 말했던 것도 같다.

마지막 기억은 2008년 2월 14일, 작곡가 이영훈이 사망했다는 소식을 들은 그날이었다. 유학 중이던 나는 아내와 아이가 모두 잠들기를 기다렸다. 인터넷에서 그의 노래를 찾았다. 그날 밤, 유럽의 조그만 아파트에서 초등학교 시절 그 작은 방 안에서처럼 그의 노래를 듣고 또 들었다. 눈은 내리지 않았고 창밖으로는 하늘도 보이지 않았다. 삶이 기억에 대한 통제를 모두 잃어버린 날이었다. 생각을 생각난 대로 내버려 두었지만 하늘 위로는 아무것도 올라가지 않았다. 밤은 머물지 않았고, 새벽은 아직 멀었다.

그의 노래: 이문세와 이영훈

그날, 그리고 또 다른 그날, 우리가 불렀던 모든 노래는 이문세의 노래였고, 또한 이영훈의 노래였다(유재하가 작사, 작곡한 〈그대와 영원히〉는 예외로 하자). 작곡가 이영훈(1960.3.6~2008.2.14)은 유재하와 더불어 한국형 발라드의 창시자로 평가받는 작곡가 겸 작사가로서 1980년대 중반부터 1990년대 초반까지 이문세의 목소리를 빌려 한국 가요계를 지배했던 인물이다. 본래 연극과 영화 음악을 만들다가 24세 때 '신촌블루스'의 기타리스트 엄인호의 소개로 이문세를 만나 1985년 이문세의 3집 '난 아직

모르잖아요'로 가요계에 데뷔한다. 이후 이문세의 4집 《사랑이
지나가면》(1987)과 5집 《시를 위한 詩》(1988), 6집 《그게 나였
어》(1989), 7집 《옛사랑》(1991)을 내리 이문세와 함께했고, 이후
에도 9집 《95 Stage with composer Lee Yonghun》(1995)과 12
집 《휴(休)=사람과 나무 그리고 쉼》(1999), 13집 《Chapter 13》
(2001)을 이문세와 작업했다.

따로 열거할 것 없이 모든 수록곡이 명곡이고 히트곡이라 평
해야 할 이문세의 3집과 4집, 5집의 대중적 성공은 한국 대중음
악사에 영원히 기록될 하나의 사건이었다. 분명 이러한 상업적
성공의 배경에는 이문세가 당시 청소년층의 전폭적인 지지를
받던 유명 라디오 프로그램 〈별이 빛나는 밤에〉의 진행자였다
는 사실도 있을 것이다. 그러나 무엇보다 클래식 기반의 세련된
멜로디와 시적인 가사들이 음반시장에 여성들을 새로운 소비주
체로 끌어들였다는 사실이 성공의 가장 큰 이유일 것이다. 평론
가 임진모는 이영훈의 업적을 다음과 같이 평한다. "이영훈 선
생의 곡이 세상에 막 공개될 당시 대중음악의 헤게모니는 여전
히 팝이 쥐고 있었다. …이영훈 선생의 업적 중의 업적은 서러
움과 멸시의 굴레에서 허덕이던 가요가 당당하게 대중음악의
주체로 상승하게 된 밑거름을 제공했다는 데 있다. 만약 새로운

패턴의 발라드 곡 쓰기가 그의 개인적 성공이라면 팝과 가요의 우선순위 바꿈은 그가 쾌척해 낸 사회적 성공일 것이다."(「작곡가 이영훈 1주기」, 『IZM』, 2008.2.)

　이영훈이 어디에서 어떻게 음악을 배웠는가는 잘 알려져 있지 않다. 서라벌 고등학교 졸업이 최종 학력인 그의 이력 어디에도 그와 음악과의 접점은 찾을 수 없다. 다만 그와 그의 주변 사람들의 인터뷰를 토대로 추론하자면, 이영훈은 순전히 독학으로 음악을 익힌 것으로 보인다. 이문세에 따르면, 〈소녀〉, 〈광화문 연가〉 등 3집과 4집에 수록된 많은 곡들은 이영훈이 이미 고등학교 때 작사, 작곡해 두었던 곡들이다. 문제는 그의 음악적 토대가 클래식, 이영훈 자신의 말에 따르자면 바흐와 쇼팽이라는 점이다. 정보통신이 발달한 오늘날도 아니고, 그 시절에 클래식을 독학한다는 것이 과연 가능한 일인가? 더구나 이영훈은 아마추어 수준의 연주가나 작곡가도 아니었다. 이문세의 말대로, 그의 곡들은 편곡만 달리 하면 그대로 클래식 음악이며, 이는 그가 러시아 볼쇼이 오케스트라와 함께 작업해 내놓은 세 장의 앨범, 《이영훈 소품집 1, 2, 3》이 증명한다. 또 그가 말년에 기획한 뮤지컬 〈광화문연가〉 역시 그의 고전 음악 혹은 고전 문화에 대한 관심과 역량을 보여준다.

결국 아쉽지만, '천재'라는 너무나 진부한 단어 외에 이영훈을
표현할 다른 말은 없다. 천재는 끊임없이 자신을 몰아붙이며 계
속해서 멜로디를 만들어냈고 그중 가사를 얻은 것들은 노래로,
그렇지 않은 것들은 연주곡으로, 영화나 드라마의 O.S.T로 발
표되었다. 그가 쓴 곡들 중 많은 수가 이문세에게 주어졌지만,
사실 이영훈은 흔히 알려져 있는 것보다 훨씬 더 많은 가수들
과 작업했고, 다양한 음악적 성과들을 세상에 내놓았다. 앞서
말한 《이영훈 소품집 1, 2, 3》 외에 이광조, 이은저, 유열, 박소
연 등의 앨범을 프로듀싱했으며, 이민용 감독의 〈개 같은 날의
오후〉, 〈인샬라〉, 〈보리울의 여름〉 같은 영화음악이나 〈까레
이스키〉, 〈사랑을 기억하세요?〉, 〈산〉 등의 드라마 음악을 만
들고 프로듀싱하였다. 그리고 그가 대장암 판정을 받은 이후인
2006년에는 이문세와 함께 작업했던 노래들을 다른 가수들의
목소리로 리메이크한 앨범 《옛사랑: The Story Of Musicians 1,
2》를 제작하여 발표하였다.

그러나 이영훈 외에 다른 여러 작곡가들과 작업했고 그 작업
이 여전히 진행 중임에도 불구하고 이문세가 이영훈의 이문세
로 기억되는 것과 마찬가지로, 이렇게 여러 가수들에게 곡을 주
었고 또 다양한 영역에서 본인만의 음악 활동을 했음에도 이영

이영훈 노래비
이영훈을 추모하는 노래비가 그의 1주기
를 맞이해서 덕수궁 돌담길 정동교회 앞에
세워졌다.

훈은 이문세의 이영훈으로 기억된다. 그리고 이는 두 사람 모두 인정하는 사실이다. 이문세는 이영훈의 사후에 출연한 2008년 7월 9일 〈무릎팍도사〉에서 "이문세에게 이영훈이란 어떤 존재인가?"라는 강호동의 질문에 "저만을 위해 곡을 썼던 큰 나무와 같은 사람"이라고 답한다. 또 이영훈도 그가 죽기 9개월 전에 가진 음악평론가 임진모와의 인터뷰에서 다음과 같이 말한다. "저는 성격이 좀 집중형, 아니 굉장한 집중형이에요. 세상에 대한 욕심도 없었구요. 돈 많은 제작자가 곡 달라고 하면 주고 싶기도 했지만 제가 음악계에 들어왔을 때는 굶을 각오를 하고 들어왔다는 걸 되뇌면서 이문세 씨 외에 딴 가수는 생각하지 않았어요."(「故 이영훈」, 『IZM』, 2008. 3. http://www.izm.co.kr/contentRead.asp?idx=2266) 그러나 엄격하게 말하자면, 이는 사실이 아니다. 이문세가 다른 작곡가들과의 작업을 통해 변화를 꾀하기 시작하기 이전, 이문세 3집 《난 아직 모르잖아요》(1985)로부터 7집 《옛사랑》(1991)까지로 기간을 한정하더라도, 이 기간 이영훈은 태희 1집과 신촌블루스 2집, 정민 1집에 참여하였으며, 특히 이광조 7집은 타이틀곡 〈세월 가면〉을 비롯한 7곡을 작사 작곡함은 물론 앨범 자체를 프로듀싱했다.

그렇지만 이영훈이 오직 이문세를 위해 곡을 썼다는 명제는 거짓이 아니다. 사랑처럼 혹은 사랑인 듯, 사람의 일은 사실이 아니라고 곧바로 거짓이 되지는 않는다. 그들이 이룬 가장 커다랗고 아름다운 성공이 그들이 함께했던 음악들이라는 사실 때문만은 아니다. 이영훈은 정말이지 이문세만을 위해 곡을 썼을 것이다. 다만 그 곡을 다른 사람들에게도 주었을 뿐이다. 앞의 인터뷰에서 이영훈은 이승철이 리메이크한 〈영원한 사랑〉을 평가하며 다음과 같이 말한다. "전 곡을 쓸 때 어떤 목소리를 상상하고 쓰거든요? 〈영원한 사랑〉을 쓸 때 바랐던 목소리에 (이승철의 목소리가) 백퍼센트 일치하더라고요." 그리고 같은 인터뷰에서 이문세에 대해 다음과 같이 평한다. "맨 처음에 이문세 씨는 자기 식의 해석을 가지지 못한 가수였어요. … 제 곡들은 4비트에 가사 전달이 정확하고, 게다가 팝적인 창법까지 갖추고 있어야 했거든요. 고민이 많았죠. 거의 5집에 와서야 되었던 것 같아요. 그 전에는 찍어서 만들었던 거죠." 이영훈은 자신과 이문세의 관계를 트레이너와 복서의 관계라고 말한다. 이 말대로라면, 이영훈은 이문세와 오랜 기간 같이 작업하면서 그를 자신이 원하는 스타일의 복서로, 즉 가수로 만든 것이다. 따라서 이후 곡을 쓰면서 그는 자신이 가다듬어 놓은 이문세의 스타일을 염두에 둘 수밖에 없었을 것이다. 그가 곡을 쓸 때 상상한다는

목소리는 아마도, 이영훈 자신은 몰랐을지 모르지만, 이문세의
목소리였을 것이다.

사랑과 기억, 트라우마와 같은

서로가 서로에게 익숙해지고 종속되는 이러한 관계를 사랑이
라 부를 것이다. 또 사랑은 변하지 않는 맘에 아름다운 것일지
도 모른다. 그러나 이러한 종속은 서로의 울타리가 되는 동시에
한계가 된다. 울타리 안에서 안전할지는 모르지만, 안전한 것
은 오직 울타리 안에서일 뿐이다. 더 이상 사람들이 울타리 안
을 궁금해 하지 않을 때, 서로를 종속시키며 만들어낸 이 울타
리는, 즉 사랑은, 그들만의 섬을 구축한다. 대중가수에게 또 대
중음악 작곡가에게 이건 치명적인 위협이다. 그리고 알 수 없는
미래가 더 걱정스러운 것은 가수 쪽이다. 이영훈은 이문세가 아
닌 다른 가수들과의 작업을 통해 자신만의 스타일을 유지하면
서도 변화를 시도할 수 있지만, 무대에 올라야 하는 가수는 그
렇지 않다. 부르는 곡이 달라지지 않는다면, 변화는 불가능하
다. 그렇게 대중음악의 상황이 변하고, 발라드라는 유행이 지나
면, 변화를 꾀하지 못한 가수는 잊혀진다. 다만 과거로 기억될

뿐이고, 기억으로서 호출될 뿐이다. 즉 그에게는 기억을 소환하기 위한 '가요무대' 같은 자리만이 허락될 뿐이다.

이보다 더 즉각적인 이유도 있다. 이영훈은 2003년《이영훈 소품집: 사랑이 지나가면》의 홍보를 위해 가진 한 인터뷰에서 자신의 아내와 관련된 다음과 같은 일화를 소개한 바 있다. "밖에 나가면 '네 남편 여태 옛 여인을 못 잊었나 보다'는 소리를 듣고 마음고생이 심했다고 하더라구요. 통 그런 이야기를 하지 않더니 98년엔가 저보고 '계속 하실 거예요'라고 묻더라구요." (「"발라드 17년" 30, 40대에 바칩니다/작곡가 이영훈 소품집 "사랑이 지나가면" 발표」,《한국일보》, 2003.7.8)

이영훈은 "한 멜로디에는 운명적으로 결정된 가사가 있다"고 믿고, 이런 이유로 자신이 작곡한 멜로디에는 꼭 자신이 가사를 쓰고자 했다. 그가 여러 인터뷰를 통해 밝힌 그의 작업 방식은 영화적 기법이다. 장면을 떠올리고 상황을 연출하면, 그 배경으로 멜로디가 흘러나오고 그 멜로디를 피아노로 연주하면 곡이 써진다. 이제 이 멜로디에 운명적으로 결정된 가사를 찾아 채워 넣으면 곡은 완성된다. 운명적으로 결정되었으므로 멜로디가 떠올랐던 상황과 가사의 내용은 서로 별개의 것일 수 없다. 그는 가사가 묘사하는 그 장면을 떠올린다. 그 장면 속에는 말도 못한 채 안녕, 탁자 위에 물로 쓰고 떠난 서러운 그대가 있고, 거리에 쌓이던 첫눈 같은 사랑이 있다. 그리고 언제나 그 사랑, 그 사람은 지금 내 곁에 있는 그대가 아니다.

실제로 이영훈이 쓴 가사들에 가장 많이 등장하는 단어는 '사랑'과 '기억'이다. 이루어지지 못한 사랑에 대한 기억이 그의 노래이며, 좀 더 정확히 말한다면, 과거로 기억되지 못한 채 아직도 현재진행 중인 사랑에 대한 기억이 그의 노래이다. 그런데 이미 지나간 일이 한때의 과거로서 기억되지 못한 채 영원히 지워지지 않는 상흔처럼 남아 불쑥불쑥 되살아나 현재의 삶을 뒤흔들어 버릴 때, 우리는 이러한 과거의 흔적을 기억이라기보다는 트라우마라고 부른다. 이영훈의 노래는 이루지 못한 사랑에 대한 기억이지만, 이 기억은 개인의 역사 속에 이미 끝난 과거의 사건으로 기록되지 않는다. 그것은 여전히 현재로서 살아 있고, 현재의 삶을 뒤흔들고 결정한다. 이영훈의 노래는 과거로 기억되지 못한 사랑에 대한 기억, 지난 사랑에 대한 트라우마다.

이영훈과 이문세, 스물네 살과 스물다섯 살의 그들이 처음 만나 불렀던 잊지 못할 옛사랑에 대한 기억을 10년 후에도, 또 다른 10년 후에도 계속해서 소환할 수는 없는 노릇이다. 사랑하는 사람과 결혼을 하고 아이를 낳은 현실의 이영훈과 이문세가 발

이영훈 노래비가 있는 정동길
이영훈의 노래비가 세워져 있는 덕수궁 돌
담길에 들어서면, 사랑인 듯 그대의 멜로디
가 흘러나온다.

표하는 새로운 노래들이 잊지 못한 그 누군가에 대한 트라우마 일색일 때, 여기에는 분명 어긋남이 있다. 물론 이러한 어긋남으로부터 작곡가는 자유로울 수 있다. 모든 것이 세월 따라 흔적도 없이 변했다고 할지라도, 무대 뒤의 작곡가는 자신의 변화를 감출 수 있다. 세월 따라 모든 것이 떠나가도, 시간이 굳어버린 듯, 여전히 옛사랑을 잊지 못해 앓고, 잊지 않으려 노래를 만들 수 있다. 그의 시간도, 세월도 흘러갔음을 곁에서 지켜본 사람들만이 이 어긋남을 발견하고, 그 어긋남으로부터 비롯되는 어떤 불편함을 말할 수 있을 뿐이다. 그러나 무대 위에 서야 하는 가수의 입장은 다르다. 우리 모두는 그에게도 세월이 흘렀음을 직접 보고 듣는다. 그가 한 여자를 사랑했으며, 이미 한 아이의 아버지가 되었음을 안다. 무대 위에서 그는 그 자신의 실제 삶과 무대 위의 삶 사이에서 발생하는 어긋남을 우리에게 들켜버린다.

그들이 변화를 시도하지 않았던 것은 아니다. 이미 변화의 시도는 6집에서부터 있었다. 6집에 수록된 곡들 중 대부분은 옛사랑을 노래하지 않는다. 세상과 민족, 조국을 노래하고, 부끄럽지 않는 인생을 살고 싶은 나에 대해 말한다. 그러나 실패했다. 실패 후 7집에서 그들은 다시 지나간 사랑에 대한 이야기들로 돌아왔지만, 이전과는 사뭇 다른 방식이었다. 이제 그들은 '풋잠 속에 문득' 떠오르는 '옛사랑'에 대해 노래하고, 내 맘 깊은 곳에 숨겨진 슬픔 같은 사랑에 대해 말한다. 지나간 사랑은 드디어 기억 속에 과거로 자리 잡았고, 감춰지고 숨겨지며 다만 문득문득 떠오를 뿐이다. 그런데 이러한 성숙과 승화를 거치자 이영훈의 음악과 노래는 어려워졌다. 분명 이영훈-이문세의 삼부작 3, 4, 5집과 비교해서 조금도 부족하지 않은, 모든 수록곡이 명곡인 명반이었지만, 성숙한 그들의 옛사랑을 담은 7집은 대중들에게 큰 주목을 받지 못한다.

이후 이문세와 이영훈은 결별과 재결합을 반복하며 〈나의 사랑이란 것은〉, 〈영원한 사랑〉, 〈슬픈 사랑의 노래〉, 〈기억이란 사랑보다…〉 등 가요사에 기억될 명곡들을 계속해서 발표했지만, 이전처럼 대중들의 폭발적인 반응을 끌어내지는 못한다. 이영훈-이문세의 노래들에 대한 리메이크 열풍이 거세게 불었던 2004년 이문세는 한 인터뷰에서 다음과 같이 말한다. "2001년 13집의 〈기억이란 사랑보다…〉는 인상적이었어요. 하지만 13집은 반응이 별로였죠. 곡도 좋고 뮤직비디오도 정말 잘 만들어졌지만 실패했죠. 〈기억이란 사랑보다…〉가 왜 히트가 나지 않았을까 생각해 봤는데 결론은 '이문세의 영향력이 떨어졌다'

는 거였죠. 뭐 오래전에 떨어지긴 했지만요. (이 대목에서 이영훈 씨 멜로디도 대중들한테 들킨 것 아니냐고 했더니 느리게 고개를 끄덕이며) 그런 점도 있겠고….”(「이문세 인터뷰」, 『IZM』, 2005. 1. http://www.izm.co.kr/contentRead.asp?idx=369)

죽음과 기억

이영훈은 2006년 처음 대장암 판정을 받은 뒤, 2년여의 투병 기간 끝에 2008년 사망한다. 다른 대장암 환자들과 마찬가지로 뚜렷한 병인을 찾을 수는 없다. 다만 하루 종일 피아노 앞에 앉아 커피 40잔을 마시고 담배 네 갑을 피웠다는 그의 극단적인 작업 방식을 그의 몸이 더 이상 감당하지 못했던 것이리라 추측할 뿐이다. 대장암은 한국 남성들에게 위암, 폐암에 이어 세 번째로 많이 발생하는 암이며, 초기에는 아무런 증상이 없다는 점에서 치명적이다. 이영훈이 처음 암 판정을 받았을 때, 어느 정도 병이 진행된 상황이었는지는 알 수 없다. 다만 여러 정황을 고려해 보았을 때 이미 병이 상당히 진행된 상황이 아니었을까 짐작된다. 그러나 가족들 외에는 누구도 그가 가진 병의 심각함을 알지 못했다. 이영훈 그 자신이 계속해서 일을 했기 때문이기도 하고, 누구에게도 자신의 병과 건강 상태에 대해 말을 하지 않았기 때문이기도 하다. 그가 병에 걸렸다는 사실을 많은 사람들은 알고 있었지만, 누구도 그가 죽을 것이라고 생각하지는 못했다. 그러나 돌아보면 그는 자신의 병에 대해, 죽음을 향한 자신의 삶에 대해 조금씩 기록해 두었다.

이영훈이 자신의 홈페이지(http://www.leeyounghoon.co.kr/)에 처음으로 자신의 병과 건강에 대해 말하기 시작한 것은 2007년 2월이다. 그는 「이제 봄이 오겠지」라는 글에서 마치 잔소리처럼 자신의 팬들에게 다음과 같이 말한다. "하지만, 세상만사가 그렇듯이/ 피할 수 없는 것들이 많지?/ 병 또한 그래, 전염병이 아닌 이상은 다 자신이 만들어낸 병들이지만/ 그렇게 모든 병의 반 이상이 스트레스성 질환이야. 신경성./ 그래서 너희에게 부탁하는 게 건강하려면 마음이 건강하게 살라는 거야." (「이제 봄이 오겠지」, 2007.2.20.) 상황을 알지 못한다면 일반적인 건강 걱정으로 받아들여질 만한 얘기였고, 실제로 팬들의 반응도 그러했다. 그리고 한 달 반 정도 지난 후에 이영훈은 자신의 병에 대해 좀 더 직접적으로 언급한다. "살아 있다는 것은 참 좋은 일이다./ 이제 이 봄날 이후로 다시는 아프질 않았음… 하는 바람을 가져본다./ 그래도 정기적으로 병원 진료는 해야 하지만/

어쨌거나, 다시는 그리 하였음 싶다./ 사실 아직까지 측근들에게도 아픈 사실을 말하지 않았었다./ 그러므로 어떤 질문이나 궁금증도 내게 아무 도움이 안 된다는 사실을/ 인식하시고 그저 마음으로 기도를 해주길 바라는 마음입니다." (「봄날의 퇴원」, 2007.4.11.)

이 글을 통해 이영훈의 병이 생각했던 것보다 심각하다는 사실을 사람들은 알게 되었지만, '퇴원'이라는 단어가 사람들을 안심시켰다. 더구나 이영훈은 이후에도 계속해서 앨범 작업을 했고, 인터뷰를 했으며, 공연을 했다. 무엇보다 그는 시드니에 있는 자신의 집에 한 달간 다녀오기도 했다. 돌아보면 생의 마지막으로 그가 사랑했던 그곳, 시드니를 방문하고 싶었던 것이리라 짐작되지만, 당시에 사람들은 알지 못했다. 그가 시드니에서 돌아와 남긴 글 「나, 왔다」의 마지막 문장, "다들 잘들 지내고, 가을에는 한번들 보자?^^ ㅎㅎㅎ"(「나, 왔다」, 2007.8.26.)는 좋은 곳에서 어느 정도 건강을 회복하고 돌아온 그를 떠올리게 만들었으며, 9월 첫날에 쓴 다음의 문장도 대수롭지 않게 넘기도록 만들었다. "그래서 모든 일에 노심초사 하지 않는다./ 그렇게 충분히 살아왔기 때문에. 이 병도 남의 걱정을 대신 해준 대가 같아서."(「9월의 첫날」, 2007.9.1.)

그렇게 이영훈의 팬들도, 이영훈이 투병 중에 제작해 발표한 〈옛사랑: The Story Of Musicians 1, 2〉에 참여했던 많은 가수들도, 그와 인터뷰를 했던 평론가 임진모도 그의 병이 매우 심각한 상태라는 것을 알지 못했다. 그는 2007년 9월 25일, 아마도 그가 할 수 있는 최대한의 직접적인 표현으로 자신의 병이 심각하다는 사실을 팬들에게 알린다. "작년 여름 이후로 점점 쇠약해져가는 내 육신은 이제 건강이라는 말의 뜻이/ 각별하고 내 인생에 가장 중요한 말 중에 하나가 되어 있다./ 다들 친척집이다 부모님 댁이다 하며 왕래하고 인사들 다니느라 바쁜 연휴지만/ 올해, 나는 선물 하나 고를 힘이 없어 어디 사람이 많이 모이는 곳엔 가 보지도/ 못하고, 두문불출하며 집에 갇혀(?) 있는 중이다./ 다들 모르고 있었겠지만… 별로 숨길 일도 아닌 듯 싶어 얘기하네요./ 내 맘속에 답답한 무엇이 있었는지…."(「건강」, 2007.9.25.) 그렇게 사람들에게 그의 병은 익숙했지만, 죽음은 갑작스러웠다. 그리고 이러한 상황은 이문세에게도 마찬가지였다.

　투병 기간 동안 이영훈이 남긴 글들에서, 사실 그가 남긴 모든 글들에서, 그가 이문세에 대해 사적인 언급을 한 경우를 찾기는 어렵다. 이영훈은 2007년 10월 2일 박소연의 앨범《별과 바람의 노래》를 소개하는 긴 글에서 딱 한 번 지나가듯 이문세에 대해 말한다. 길게 박소연의 앨범에 대해 소개한 뒤에 갑자기 이영훈은 이문세를 떠올린다. "나이 들면서 몸도 아픈데 이 그칠 줄 모르는 수다는… 이문세 씨 저리 가라죠?/ 모처럼 문세 씨가 보고 싶어지네?… 웬일이지… 요즘 광고에서 자주 봐서 그러나? ^^"
(「나의 서른두 번째 앨범 '별과 바람의 노래'」, 2007년 10월 2일)

그대와 그대

"모처럼", "웬일이지" 그리고 꼬박꼬박 이름 뒤에 붙어있는 문세 "씨." 사람들은 이영훈과 이문세를 하나의 묶음으로 기억하지만, 사실 그들이 그렇게 친밀했던 사이였던 것처럼 보이지는 않는다. 냉정하게 말하자면, 그들의 관계는 비즈니스적 관계, 직장 동료에 더 가까웠으리라. 앨범 작업을 할 때는 함께 만나 고민하고 서로 모든 것을 바쳐 일을 진행하지만, 일이 끝난 후에는 "모처럼", "웬일이지" 생각날 때 가끔 연락하는 사이. 그런 사이였기에 이영훈은 자신이 암에 걸렸다는 사실을 알고, 자신보다 넓은 인맥을 가진 것처럼 보이는 이문세에게 병원을 문의했고, 이문세 역시 자신의 친구 박상원에게 문의하여 좋은 병원을 찾아 이영훈에게 소개해준다. 그리고 다른 사람들과 마찬가지로, 이영훈의 병이 얼마나 심각한 상태인지 그는 알지 못한 채 시간이 흐른다. 이영훈과 이문세를 하나의 인격체로, 하나의 노래로 기억하는 사람들에게 이러한 상황은 낯설고, 이러한 낯설음이 이영훈의 죽음 이후, 이문세에게 '배신자'라는 프레임이 덧씌워진 이유일 것이다.

그러나 이문세가 밝힌 바처럼 그들은 음악을 제외한 모든 부분에서 서로 공통점이 없었다. 커피와 담배, 술을 즐겼던 은둔형의 이영훈과 등산, 배드민턴 운동에 미쳐 살았던 활동형의 이문세. 그들은 말하는 방식도 달랐고, 삶을 살아가는 방식도 달랐으며, 어느 순간 그들 간의 유일한 공통분모였던 음악에 대해서도 거리가 생긴 것처럼 보인다. 이문세는 결코 언급하지 않지만, 이영훈은 생전에 그가 가진 마지막 인터뷰에서 이문세와의 관계에 대해 다음과 같이 말한 바 있다. "7집 만들고 사이가 나빠졌어요. 그래서 '결별'을 선언했다가 9집에서 다시 같이했죠. 가만 놔 두면 문세 씨와 내가 만들었던 음악이 없어지겠더라고."(「이영훈의 '못다 한 말'은 노래로 남아」, 《조선일보》, 2008.2.15.) 물론 이영훈의 말을 곧이곧대로 받아들일 필요는 없다. 기억은 각자의 몫이고, 확인할 수 있는 사실은 9집 이후로도 그들은 12집과 13집을 함께했으며, 가스펠 앨범을 함께 내기로 기획하고 있었다는 점이다.

이문세가 이영훈의 상태가 심각하다는 사실을 처음 알게 된 것은 2007년 11월 25일 가수 인순이가 주최한 모임에서였다. 이영훈 홈페이지에 남아 있는 이문세의 글에 따르면 가수 정훈희가 이문세를 조용히 불러 "영훈 씨가… 많이 아파" 귓속말을 해주었다. 다른 사람들과 마찬가지로 이문세 역시 "영훈 씨 아픈 거 모르는 것도" 아니었고, "당연히… 건강하게 회복 중"이고, "단지… 아직 완쾌가 되지 않아 틈틈이 병원 신세를 지고 있다"고 알고 있었다.(「영훈 씨 일어나요」, 2007.11.30.) 소식을 들은 이문세는 2007년 11월 26일 새벽 1시 30분, 이영훈의 홈페이지에 "슬픕니다… 그냥… 계속 눈물이 나옵니다/ 잘못했어요/ 그만 아프셔야 한다구요!!!!!! 제발…."이란 짧은 글은 남긴다.(「나는…」, 2007.11.26.)

앞에서 인용했던 그의 생전 마지막 인터뷰에서 이영훈은 다음과 같이 말한다. "내가 악화됐다는 소식을 듣고 문세 씨가 얼굴이 시커멓게 돼서 뛰어왔어요. 그리고는 덮어놓고 '내가 잘못했다'고 하는 거야. 그래서 내가 그랬어요. 내가 잘못했다, 내가 교만하고 가수 위에 서려고 하고, 죄를 많이 지었다고 고백했어."(앞의 「이영훈의 '못다 한 말'은 노래로 남아」) 이문세가 이영훈의 병을 알면서도 외면하다가, 그의 병이 악화되었다는 소식을 듣고 사진기자를 대동한 채 병실을 방문하여 언론 플레이를 했다는 소문은 거짓이다. 동료의 병이 생각보다 심각하다는 사실을 안 그는 곧장 병원을 방문했고, 문제의 그날, 기자의 요청으로 다시 한 번 더 동행했을 뿐이다.(「[한현우의 팝 컬처] 「어떤 노래가 후세에 전해지는가」,《조선일보》, 2018.3.1.) 기자에 따르면 자신에 대한 기사가 보도된 이후, 이영훈은 기자에게 "하고 싶은 말이 남았다"며 한 번 방문해줄 것을 요청했다고 한다. 그리고 기자는 이영훈에게 남아있던 "하고 싶은 말"은 다름 아닌, "'문세 씨께 미안하고 고맙다고 꼭 기록해 달라'는 부탁"이었다고 기록하고 있다.(앞의 「이영훈의 '못다 한 말'은 노래로 남아」)

그렇게 2007년 2월 14일, 초콜릿처럼 달콤한 그날, 이영훈은 세상을 떠났다. 그리고 그가 떠난 여기, 삶의 한가운데, 아직도 그대 향기가 남아 사람들은 그의 노래를 듣고 또 듣고, 그렇게 또 듣고 있다. 그의 노래비가 세워져 있는 덕수궁 돌담길에 들어서면, 사랑인 듯 그대의 멜로디가 흘러나온다. 기억에 스며든 죽음이 사랑이 되어 속삭인다.

05

카렌 카펜터의 거식증과 죽음

이상덕

카렌 카펜터와 카펜터즈

　카렌 카펜터(Karen Carpenter)는 1950년 3월 2일 미국 코네티컷, 뉴 헤이븐에서 어머니 아그네스 류어(Agnes Reuwer)와 아버지 해롤드 버트람 카펜터(Harold Bertram Carpenter) 사이에서 태어났다(카렌의 일대기에 관해서는 랜디 슈미트의 『우울한 소녀: 카렌 카펜터의 일생』(2010)을 참조했다). 그녀에게는 세 살 많은 오빠, 리처드 카펜터(Richard Carpenter)가 있었다. 엄마 아그네스와 오빠 리처드는 날카로운 성격을 가지고 있었다. 아그네스는 아이를 과보호하는 어머니였으며, 특히 리처드를 편애한 듯하다. 그럼에도 카렌은 명랑한 소녀로 자라났다. 카렌의 이웃들은 그녀를 통통하고 귀여운 여자아이로 기억한다. 가족은 1963년 로스앤젤레스로 이사한다. 리처드는 어린 나이에 음악적 재능을 발견하고 피아노 영재로 자라났다. 카렌 역시 열네 살의 나이에 드럼에 처음 관심을 가지게 되었고 친구를 통해 드럼을 배우기 시작했다. 이 둘은 모두 롱비치 대학에 음악 전공으로 입학하고, 학교 합창단 활동을 함께하기도 했다. 그렇게 남매는 음악적 파트너가 되어 갔다.

카렌은 맨 처음 고등학교 친구들과 함께 '투 플러스 투(Two Plus Two)'라는 그룹을 만들어 활동하지만, 리처드와 함께 활동하기 위해 1965년 팀을 해체했다. 남매는 리처드의 친구이자 베이스 주자인 웨스 제이콥스(Wes Jacobs)를 영입하여 '리처드 카펜터 트리오(Richard Carpenter Trio)'를 결성한다. 이때까지 카렌은 노래를 하지 않았고, 드럼 연주만 했다. 카렌은 드러머로도 뛰어난 연주자였다. 훗날 카펜터스의 〈에센셜 컬렉션〉 앨범의 맨 앞에 실리게 된, 연주곡 "캐러밴(Caravan)"을 들어보면 카렌의 뛰어난 드럼 실력을 확인할 수 있다. 지금까지도 카렌은 가장 뛰어난 드러머 중 한 명으로 손꼽힌다.

1966년 이들은 유명한 베이스 주자였던 조 오스본(Joe Osborn)에게 오디션을 봤고, 그의 제작사인 '매직 램프 레코드사(Magic Lamp Records)'와 새로 계약했다. 오스본은 사실 리처드에게는 별로 관심이 없었다. 오스본은 오디션 중 우연히 듣게 된 카렌의 목소리에 매료되어 그녀를 가수로 만들고자 했다. 카펜터스

카렌 카펜터
1972년 8월 1일 백악관을 방문했을 당시
의 모습(출처: https://commons.wikimedia.
org/wiki/File:Karen_Carpenter_in_1972_
White_House.png, Public Domain)

의 음악이 특별한 이유는 카렌의 목소리 때문이었다고 해도 과언이 아니다. 카렌의 목소리는 여성 가수의 목소리로는 매우 이례적일 정도의 저음이다. 카렌은 3옥타브 음역의 소리를 낼 수 있었지만, 저음에서 가장 매력을 발휘했다. 고음으로 가창력을 뽐내는 가수들은 흔하지만, 카렌처럼 저음의 매력을 가진 가수, 특히 여성 가수는 극히 드물었다. 조 오스본이 반했던 것도 바로 그 카렌의 저음이었다.

1967년 제이콥스가 탈퇴하여 우리가 아는 '카펜터즈(The Carpenters)'가 결성된다. 리처드와 카렌으로 이루어진 남매 밴드였다. 이들은 다양한 음악적 시도를 했지만, 당시 유행하던 록 음악이 아니었기 때문에 처음부터 대중들에게 인기를 누리지는 못했다. 1969년 이들이 'A&M 레코드사'와 계약하면서부터 그들의 인기 가도가 시작되었다. 그들은 매니저로 셔윈 배쉬(Sherwin Bash)와 에블린 윌러스(Evelyn Wallace)를 고용하고, 절친하게 지낸다. 이들의 첫 번째 앨범은 1969년 10월 《오퍼링(Offering)》이란 제목으로 나왔다. 이 앨범은 후에 《티켓 투 라이드(Ticket to Ride)》로 제목을 바꾸었다. 여기에 실린 동명의 곡 〈티켓 투 라이드〉는 1965년 비틀즈의 히트곡을 리메이크한 것이었는데, 원곡 못지않은 큰 인기를 얻었다. 두 번째 앨범 《클로즈 투 유(Close to You)》(1970) 역시 연달아 히트를 쳤다. 타이틀 곡이었던 〈클로즈 투 유〉는 리처드 체임벌린의 원곡을 리메이크한 곡이었는데, 이들은 이 곡으로 빌보드 차트 1위를 처음으로 차지했다. 곧이어 발표된 〈위브 온리 저스트 비건(We've Only Just Begun)〉도 빌보드 차트 2위까지 올랐다. 1971년 그래미 시상식에서 카펜터즈는 《클로즈 투 유》 앨범으로 최고 신인상과 최고의 듀오&그룹 보컬상을 받았다. 당시 최고 신인상은 팝음악의 전설 엘튼 존과 앤 머레이를 제치고 받은 것이었고, 최고의 듀오&그룹 보컬상은 《렛 잇 비(Let It Be)》의 비틀즈, 《시카고(Chicago)》 앨범의 시카고, 《ABC》의 잭슨파이브, 《Bridge over Troubled Water》의 사이먼&가펑클을 제치고 받은 것이었다. 카펜터즈가 제친 후보들의 면면을 보면, 당시 카펜터즈의 인기가 어느 정도였는지 짐작이 될 것이다.

1971년에 발매한 《카펜터즈(Carpenters)》 앨범에서도 〈레이니 데이즈 앤 먼데이즈(Rainy Days and Mondays)〉, 〈슈퍼스타(Superstar)〉, 1972년의 앨범 《어 송 포 유(A Song for you)》에서 〈어 송 포 유(A Song for you)〉, 〈탑 오브 더 월드(Top of the World)〉 등을 계속 히트시켰다. 1973년에 발표한 앨범 《나우 앤드 덴(Now and Then)》에서도 〈예스터데이 원스 모어(Yesterday

Once More)〉가 크게 히트했다.

절정의 인기와 비극의 시작

카펜터즈가 인기 절정에 있던 1973~1974년 무렵, 카렌의 삶은 조금씩 변화하기 시작했다. 노래하는 보컬 가수라기보다는 노래하는 드러머로 기억되고 싶었던 카렌은 드럼 세트 뒤에서 연주와 함께 노래하기를 즐겨했다. 그러나 리처드와 서윈은 카렌에게 무대 앞으로 나와서 마이크를 들고 노래 부를 것을 권했다. 카렌은 관중 앞에 서기에 약간의 공포가 있던 터라 처음에는 이를 거절했다. 어린 시절 60kg 후반대의 통통한 몸매였던 그녀는 특히 엉덩이 주변에 살이 쪘다고 생각했기에, 드럼 세트에 앉아있는 것이 더 편했다. 그러나 오랜 설득 끝에 그녀는 무대 중앙으로 나서게 된다. 관중들의 시선을 더 집중적으로 받게 되면서 그녀의 부담은 더 커졌다.

1973년 진행된 인터뷰에서 카렌은 "일 하는 도중에 식사를 하기는 좀 어려워요. 잘 먹기는 더 어렵고요. 배가 가득 차가지고는 쇼 무대에서 노래할 수 없죠. 자정이나 새벽 한 시가 넘을 때까지 저녁을 못 먹는데, 그 때 많이 먹으면 잠들기도 어렵고, 그

렇게 먹으면 풍선처럼 배가 나오고 말 거에요."라고 말했다. 그
녀는 같은 해 타호호(Lake Tahoe) 콘서트 사진을 보고 자신의 모
습이 뚱뚱하다고 생각을 하게 되었다. 충격은 받은 그녀는 트레
이너를 찾아갔다. 열심히 운동을 했지만, 그녀는 근육이 키워지
면서 자신의 몸이 더 커보이게 되었다고 느꼈다. '밥 호프 쇼'에
출연한 자신의 모습을 확인한 카렌은 자신이 TV에 비쳐진 모습
이 너무 비대하다고 느꼈다. 리처드 역시 그렇게 생각한다고 말
하자, 그녀는 트레이닝 대신, 음식을 줄이는 것으로 감량을 시
도했다. 그녀의 몸무게는 50kg 정도까지 줄어들었다. 주변에서
는 이때의 카렌이 정말 아름다웠다고들 말했다. 그녀는 여기서
멈췄어야 했다.

다음 해, 카펜터즈 남매는 부모로부터 독립하여 살기 시작했
다. 매니저 서윈은 과보호하는 어머니의 그늘에서 이들이 벗어
났으면 했고, 남매도 같은 생각이었다. 카렌이 남자친구인 제작
자 테리 엘리스(Terry Ellis)를 만나고, 무대 매너를 배우게 된 것
도 이 무렵의 일이었다.

카펜터즈의 인기가 오르면 오를수록, 카렌은 대중의 관심과
시선에 대한 부담을 더 크게 느꼈다. 그럴수록 자신에 대한 통
제, 특히 자신이 먹는 음식에 대한 통제를 더 가혹하게 행했다.

남매의 건강을 관리하던 어머니는 곁에 없었다. 만약 장기적인 안목을 가진 제작사나 매니저의 도움을 받았다면, 상황은 달라졌을 수도 있었을 것이다. 그러나 이들은 눈앞의 스케줄을 소화하는 데 급급했다. 이들은 1971년에서 1973년 사이에 전 세계를 돌며 연 150~175회의 콘서트를 했고, 6주간 일하고 하루 정도 쉬는 생활을 반복했다. 앨범 발매를 거르고 전 세계 투어 콘서트에 매진했던 1974년에는 1년간 203회의 콘서트를 했다. 이틀 공연하고 하루 이동하는 스케줄의 연속이었다고 할 수 있다. 카렌은 한 명을 제외하고 30여 명이 모두 남성인 집단 안에서 연습하고, 녹음하고, 공연하는 일상을 반복했다(맥케이의 논문, "Skinny blues: Karen Carpenter, anorexia nervosa and popluar music", Popular Music, vol. 37/1(2018) 참조).

그녀는 점차 말라갔다. 1975년 그녀는 41kg밖에 나가지 않았다. 그녀는 자신이 지나치게 마른 것을 들키지 않기 위해 옷을 다섯 겹씩 입었다. 그러면서도 음식을 먹지 않았다. 접시 위의 음식을 포크로 건드리기만 하거나, 자신의 음식을 다른 사람들에게 권하면서 자신이 음식을 먹지 않는 것을 숨기곤 했다. 하루는 매니저인 에블린이 마당에서 선탠을 하고 있는 그녀를 발견했다. 그녀는 이렇게 회고했다. "카렌은 수영복 바지만 입고 있었어요. 그런데도 그녀가 여자인지 남자인지 알 수 없었습니다. 그녀는 가슴이 전혀 없었으니까요."

카렌의 죽음

카펜터즈의 대표적인 히트곡 〈Top of the World〉에는 이런 가사가 있다.

> Ever since you've been around
> Your love's put me at the top of the world
> 네가 내 주변에 있은 이후로
> 네 사랑 덕분에 나는 세상을 다 가진 기분이 드는 걸

카펜터즈의 첫 번째 넘버 원 곡, 〈(They Long To Be)Close To You〉에는 이런 가사도 있다.

> That is why all the girls in town follow you all around
> Just like me, they long to be close to you
> 그래서 동네 모든 소녀들이 당신 곁을 맴도는가 봐요

나처럼, 그들도 당신 곁에 좀 더 가까이 있고 싶어 하니까요

또, 카펜터즈의 1973년 히트곡 〈Sing〉에는 이런 가사가 있다.

Sing out loud, sing out strong

Sing of good things, not bad

Sing of happy, not sad

크게, 힘차게 노래해요

나쁜 건 말고, 좋은 것만 노래해요

슬픈 건 말고, 행복한 것만 노래해요

카펜터즈는 '좋은 것만, 행복한 것만 노래하자'며 노래했고, 우리 곁에 '좀 더 가까이' 있고 싶다고 노래했지만, 카렌 카펜터는 그렇게 오랫동안 우리 곁에서 노래하지 못했다.

카펜터즈는 1975년에 발매한 《호라이즌(Horizon)》 앨범과 1976년 《어 카인드 오브 허쉬(A Kind of Hush)》 앨범에서도 〈플리즈 미스터 포스트맨(Please Mr. Postman)〉, 〈데얼즈 어 카인드 오브 허쉬(There's A Kind of Hush)〉 등과 같은 히트곡을 계속 만들어냈다. 〈플리즈 미스터 포스트맨〉은 빌보드 1위에 올랐다.

하지만 그들의 인기도 절정의 순간으로부터는 조금씩 낮아지기 시작했다. 카렌의 건강도 점점 악화되었다. 1970년대 초반에 비하면 스케줄이 조금 줄어들었지만, 여전히 바쁜 공연 활동은 이어졌다. 그녀는 간혹 쓰러지곤 했다. 처음엔 감량을 위해 음식을 줄인 것이었지만, 점차 음식을 먹는 것 자체가 어려워지는 섭식장애 증상이 나타났다. 설상가상으로 리처드마저 마약성 약물인 퀘일루드(Quaalude)에 중독되어 갔다. 결국 1978년 카펜터즈는 돌연 활동을 중단했다.

카렌은 치료를 위해 입원을 하기도 하고 몸무게를 늘리기 위해 영양제를 맞기도 했다. 그러나 오랜 기간 복용한 배변 촉진제나 구토제(emetics)는 이미 카렌을 쇠약하게 만든 상태였다. 1980년 결혼과 곧 이어진 이혼은 사태를 더 악화시켰다. 남매는 아무렇지 않다는 듯 1981년 〈굿모닝 아메리카(Good Morning America)〉라는 텔레비전 쇼에 출연하여 인터뷰를 했다. 그녀는 "나는 아무런 문제가 없어요. 다만, 많이 피곤했을 뿐이에요."라고 말했다. 그러나 그녀는 회복하지 못했다. 1982년 12월 셔먼 오크스(Sherman Oaks)의 버클리 학교에서의 크리스마스 캐롤 공연은 그녀의 마지막 공연이 되었다. 1983년 1월 그래미 25주년 기념사진 촬영에도 참석한 그녀는 활기찬 미소를 지어보였지만 매우 쇠약해 보였다. 1983년 2월 1일 그녀는 리처드를 마지막으로 만나서 앞으로의 일정에 대해 논의했고, 2월 4일 이혼을 결론짓는 문서에 사인했다. 다음 날 그녀는 방에서 쓰러진 채로 발견되어 병원으로 이송되었지만 사망했다. 사인은 거식증으로 인한 에메틴 심장병이었다. 향년 32세를 일기로 세상을 떠난 그녀를 위한 뒤늦은 추모의 시간이 시작되었다. 그리고 그녀의 죽음은 거식증에 대한 사회적 인식이 본격화되는 계기가 되었다.

거식증이라는 질병

사람의 삶에 고통이 다가올 때, 우리는 '먹고 살기 힘들다'라고 말한다. 먹고 산다는 것은 바로 삶이다. 인간은 음식물로부터 영양분을 얻는다. 먹어야 살 수 있고, 살기 위해는 먹어야 한다. 거식증은 바로 먹는 것을 거부하는 증상의 질병을 의미한다.

홍세희 기자의 2020년 기사(홍세희, "무리한 다이어트 거식증 될 수도⋯10대 특히 위험", 《뉴시스》, 2020.12.17)를 보면, 우리나라에서 2015년부터 2019년까지 5년간 거식증으로 진료를 받은 인

카렌 카펜터
드러머 시절의 모습(출처: https://en.wikipedia.org/wiki/File:Karen_Carpenter_on_drumkit.jpg, Public Domain)

원은 총 8,417명으로, 2015년 1,590명에서 2019년 1,845명으로 16%나 증가했다. 이 기사는 거식증의 연령별 통계에서 14.4%로 가장 높은 비율을 보인 10대 여성의 거식증 문제를 집중하여 다루었다. 10대 여성들은 "무리한 다이어트, 또래 집단의 영향, 미디어 등 외부적 요인" 등에 특히 취약한 것으로 나타났다. SNS 상에서는 이른바 '프로아나(pro-ana)'로 불리는 거식증 동경 문화마저 나타나고 있다고 한다. '프로아나'란 찬성을 의미하는 프로(pro)와 거식증을 뜻하는 애너렉시아(anorexia)의 합성어다. 이들은 지나칠 정도로 마른 몸매를 추구하며 무작정 굶거나, 먹고 토하는 것을 반복한다.

초근목피로 연명하던 시절, 혹은 보릿고개나 전쟁을 경험한 이들은 먹을 것을 눈앞에 두고도 먹지 않는 것을 보고 한심하고 답답하게 생각할 수 있다. 말 그대로 '배부르니 하는 짓'이라고 생각하거나 마른 외모를 추구하는 사회적 분위기에 휩쓸려 이성과 본능을 저버린 짓으로 생각하는 사람도 있을 수 있을 것이다. 외모적 강박에 사로잡힌 일부 여성들이 스스로 자초한 질병이라고 오해하기도 한다. 물론, 이러한 면이 전혀 없는 것은 아니지만 거식증은 사회, 문화적 구성물로서 복잡하고 다층적인 성격을 띤다.

의학적으로 거식증이란, 체중의 15~20% 정도를 잃을 정도로 음식을 거부하는 섭식장애를 뜻한다. 식욕부진증이라고 칭하기도 한다(거식증의 설명에 관해서는 홉튼의 논문, "Anorexia Nervosa in Adolescent Girls: A Culture-Bound Disorder of Western Society?", Social Cosmos, vol. 2 (2011) 참조). 영어로는 애너렉시아(anorexia)라고 하는데, 그 어원은 그리스어로 부정형의 'an(ἀν-)'과 식욕을 뜻하는 'orexis(ὄρεξις)'의 합성어이다. 국제적으로 통용되는 DSM(Diagnostic and Statistical Manual of Mental Disorders; 정신질환 진단 및 통계 편람)-IV-TR에 따르면 거식증을 겪는 사람은 다음과 같은 상태에 빠진다고 한다.

(1) 평균 정상 체중의 85% 이상이 되는 것을 거부한다.

(2) 저체중임에도 불구하고 체중이 불거나 뚱뚱해지는 것에 대한 공포심을 갖는다.

(3) 체중이나 몸매에 대한 경험이 불편하다. 자기평가에 몸매나 체중이 부적절하게 영향을 준다. 저체중을 심각하게 여기지 않는다.

(4) 초경이 지난 여성의 경우, 무월경을 겪는다(3번 이상 월경을 건너뛰거나 호르몬제 투여 후에야 월경을 한다).

이러한 섭식장애를 처음으로 보고한 사람은 17세기 영국의 리처드 모턴(Richard Morton)이다. 그는 1689년 「섭식, 혹은 섭식 행동에 대한 총서, 다양한 역사에 대한 총체적 묘사」라는 논문에서 런던의 시티 구역에 사는 한 소녀의 경우를 소개하며 섭식장애를 하나의 질병으로 간주했다. 한편, 신경성 거식증 (anorexia nervosa)이라는 표현을 처음 사용한 사람은 윌리엄 걸 (William Gull)이다. 그는 1868년 옥스퍼드의 영국 의학회(British Medical Association)에서 거식증에 관련한 발표를 하고, 1873년 「신경성 거식증(Anorexia Nervosa)」이라는 논문을 발표했다. 그는 16~23세 사이의 여성에게서 이 질병이 주로 나타나며, 그 원인은 신경성이라고 보았다. 같은 해, 프랑스의 에르스트-샤를 라세그(Ernest-Charles Lasègue)는 「히스테리성 거식증에 관하여 (De l'Anorexie Histerique)」라는 논문을 발표했다. 그는 거식증 환자들의 행동을 대기근 시기에 어쩔 수 없이 금식한 사람들의 행동양식과 비교하면서, 환자의 가족 간 관계에도 주목한 연구 를 진행했다.

거식증에 관한 논의가 다시 등장한 것은 20세기 후반에 들어서였다. 독일계 미국 의사인 힐데 브루흐(Hilde Bruch)는 1973년 『섭식장애: 비만, 거식증, 그리고 이를 겪는 사람(*Eating Disorders: Obesity, Anorexia Nervosa, and the Person Within*)』이 라는 책을 출판했고, 1978년 자신의 연구를 집대성한 『금 새 장: 거식증의 수수께끼(*The Golden Cage: the Enigma of Anorexia Nervosa*)』를 출판했다. 그녀는 음식 거부, 혹은 자신에게 내리는 벌로서의 단식은 더 근원적인 공포에 대한 방어라고 보았다. 너무 많이 먹거나 스스로에 대한 통제를 잃거나, 생물학적인 충동에 지는 것에 대한 근원적 공포가 거식증의 원인이라는 것이다. 다시 말하자면, 거식증 환자들은 자신에 대한 통제를 잃는 것을 두려워하고, 식욕이라는 생물학적 충동에 사로잡히는 것을 공포스러워 했다는 것이다. 그 공포가 원인이 되어 음식 섭취를 거부하는 섭식장애, 혹은 거식증이 나타나게 되었다는 것이다. 그녀는 자신의 임상경험을 모아 1988년 『거식증 환자와의 대화(*Conversations with Anorexics: A Compassionate and Hopeful Journey through the Therapeutic Process*)』라는 책을 출판하기도 했다. 힐데 브루흐의 연구 결과가 나온 시기는 카펜터즈의 활동 시기와도 대체로 겹친다.

1993년 수잔 보르도(Susan Bordo)는 기존의 거식증 연구에 포스트모던적 몸에 대한 이해, 페미니즘을 통한 이해 등을 추가하여 1993년 『참을 수 없는 몸의 무거움(*Unbearable Weight*)』을 출판했다. 이 책은 2003년 국내에도 번역되었다. 그녀는 기존의 연구자들이 주로 의사였던 것과는 달리 미국 켄터키 대학에서 영어영문학과 여성학을 가르치는 인문학 교수였다. 그녀의 연구는 거식증을 특이한 신경증 증상에 그치지지 않고, 한 사회의 문화의 단면을 보여주는 현상으로 이해하도록 해주었다.

거식증 연구의 역사가 보여주듯, 거식증은 겉으로 드러나기에는 단순히 음식을 거부하는 신경증적 장애처럼 보인다. 그러나 그 이면에는 복잡하고 다층적인 사회, 문화의 영향이 있으며, 철학적 이해를 필요로 한다. 현대 거식증 환자의 특징은 (1) 90~95%가 여성에게 발병한다는 점, (2) 대체로 학력이 높다는 점, (3) 경제적으로는 중산층 이상이라는 점, (4) 인종적으로는 백인이 많다는 점 등이다(이충범, 「금식하는 성녀와 거식증 소녀-성 카타리나(St. Catherine of Siena)와 현대거식증을 중심으로-」, 『가톨릭철학』, 13호(2009) 참조). 이러한 특징을 보아도, 거식증은 사회문화적 영향과 관련하여 살펴보아야 한다는 것을 추측해 볼 수 있다. 30여 년의 짧은 생애가 애처로웠던 카렌 카펜터의 삶으로 다시 돌아와 보자. 그녀의 삶과 더불어, 현대를 살아가는 여성의 모습을 살펴보도록 하자.

방송 산업 상품으로서의 연예인

2010년 11월 프랑스의 패션모델 이사벨 카로가 28세의 나이로 숨졌다. 당시 이사벨 카로의 키는 165센티미터였는데 몸무게는 31킬로그램 밖에 되지 않았다. 이사벨 카로는 2007년 이탈리아의 사진작가 올리비에 토스카니의 캠페인 광고를 통해 모델 업계의 비정상적인 '마른 몸매' 선호 문제를 제기하면서 거식증의 위험성을 알리는 데에 참여했다. 그녀는 문제의 심각성을 스스로 인식하고 캠페인에도 나섰지만, 결국 3년 만에 호흡기 질병과 영양실조로 인해 사망에 이르렀다.

2017년에는 덴마크 출신의 20세 모델 올리케 호이어가 일본에서 열린 루이비통 크루즈 쇼 출연을 위해 일본까지 날아갔지만, '너무 살이 쪘다'고 패션쇼 무대에 서지 못했다고 폭로했다. 올리케 호이어는 178센티미터의 키에 24인치 허리 사이즈의 모델이었지만, 루이비통 모델이 되기에는 '너무 살이 쪘다'는 지적을 받은 것이다.

패션모델 업계만 비정상적인 마른 몸을 요구하는 것이 아니다. 현대 방송 미디어는 경쟁적으로 이상적인 연예인들의 몸매를 노출한다. 여기서 이상적이라는 것은 대중들 혹은 미디어가 만들어낸 결과물이다. 대중과 미디어의 요구, 그리고 이에 부응하려는 연예인의 노력으로 만들어진 몸매가 TV 화면을 채운다. 물론 이상적인 몸매는 시대에 따라 변화한다. 1960년대부터 마른 몸에 대한 지향은 계속 이어져왔다. 처음에는 여성들에게만 해당하던 것이 점차 남성들에게도 확대되었다. 우리나라의 아이돌 문화는 이러한 지향의 정점에 있다.

남자 아이돌 가수는 음색과 가창력에 앞서 복근과 근육을 키워야 하고, 여자 아이돌 가수는 아예 허리와 어깨, 다리가 훤히 드러나는 옷을 입고 하이힐을 신은 채 '섹시 댄스'를 추어야 한다. 그러면서도 예능 프로그램에 나가서는 털털한 매력을 뽐내며 맛있게 '먹방'을 하는 모습도 보여줘야 한다.

그나마 인기를 얻어 TV에 출연하는 아이돌 가수들은 다행인 편일 수도 있다. 아이돌이 되기 위해 수년간의 시간을 보내야하는 연습생 시절은 더욱 가혹하다. 많은 아이돌들이 가혹했던 자신의 연습생 시절을 회상하곤 한다. 체중계가 늘 비치되었던 주방, 매일매일 식단 일기를 써야 했던 기억, 감시 속에서 배를 곯았던 시간을 회상하며, 이들은 일면으로는 그 고통 끝에 찾아온 성공과 인기를 이야기한다. 한 아이돌 그룹의 멤버는 "일주일간 7킬로그램을 빼지 못하면 쇼케이스에 나갈 수 없다"는 소속사의 이야기를 듣고 다이어트에 돌입했지만 이에 실패하자 3일의 시간을 더 달라고 하여 결국 쇼케이스에 나갈 수 있었다는 고백을 했다. 그녀는 "며칠 동안 운동하고 침대에 누웠는데, 다음날 일어나지 못할 것 같다는 생각에 눈물이 났다"고 전했다.

2020년에 MBN에서 방송된 〈미쓰백〉이라는 프로그램이 있다. 이 프로그램의 제작자는 "재능은 있지만 무대에서 보기 힘든 아이돌들의 부활을 돕기 위해" 이를 기획했다고 하면서, "걸그룹 심폐소생 프로그램"이라고 프로그램의 성격을 요약해 말했다. 프로그램의 초반, 아이돌 걸그룹 출신 출연자들이 자신들이 겪은 활동 당시의 애로사항을 토로했다. 그 얘기를 듣다보니, 이들은 실제로 심폐소생이 필요할 것 같다는 생각이 들 정도였다. 한 출연자는 공황장애와 불면증으로 정신질환 약을 처방 받고 있었다. 그녀는 한밤중에 일어나 피자를 양껏 먹어놓고도 아침에 기억하지 못하는 자신의 현 상태를 관찰카메라를 통해 보여주었다. 출연자 중 한 명은 1년에 6~70개의 그룹이 데뷔하는데, 다음 해까지 살아남는 그룹이 1% 정도라면서, 아이돌이 겪는 압박과 살아남을 방법을 찾다가 자신의 신체적, 정신적 건강을 해치게 되는 현실을 전한다. 데뷔 준비를 미성년일 때 시작하는 아이돌이 많다는 점을 감안하면 이러한 현실은 더욱 참혹하다. 이들은 성인으로서 활동할 수 있는 준비가 되기도 전에 자신을 미디어 산업이 요구하는 상품으로 만들기 위해, 성장기의 식욕을 참아야 한다. 육체적 고통과 더불어, 정신적 자아역시 매우 불안한 상태에 놓일 수밖에 없게 된다.

누군가는 자신들이 원하는 '아이돌' 꿈을 위해 노력하는 과정이니, 그 고통 역시 스스로 선택한 것일 뿐이라고 말할지 모른다. 그러나 그들이 꿈이 '다이어트 과정' 그 자체에 있는 것일 리없다. 미디어가 요구하는, 그리고 미디어의 뒤에 숨어 있는 대중들의 요구가 그들의 고통을 '선택'처럼 보이게 할 뿐이다. 데뷔 후 조금만 살이 쪄도, 같은 팀 멤버 중 상대적으로 조금만 볼

살이 통통해 보여도, 근접 촬영 사진으로 조롱하고 비난하는 대중이 있는 한 고통의 강요는 계속될 것으로 보인다.

카렌 카펜터는 이미 1970년대를 살면서 이와 유사한 경험을 했다. 그녀는 자신이 편하게 느끼고 즐거워하던 드럼 세트 뒤에서 일어서서 나와 무대 중앙에 설 것을 요구받았다. 대중들은 그녀의 목소리를 더 가까이에서 듣고 싶어 했고, 그녀를 더 또렷하게 보길 원했다. 그러나 대중들에게 자신의 연주와 노래를 들려주고 싶었던 카렌은 그러기 위해 자신의 몸매를 보여줘야 한다는 압박을 받게 되었다. 카렌 카펜터의 일대기를 그린 드라마 〈카렌 카펜터 이야기(The Karen Carpenter Story)〉에서는 식사를 제대로 하지 않는 딸을 걱정하는 엄마에게 카렌이 "조명 아래에서 관객들은 내 몸무게의 1파운드까지도 볼 수 있다고요."라고 말한다. 그녀는 또한 30여 명의 남자 스태프 사이에서 거의 유일한 여성으로 활동을 계속해야 했다. 스케줄은 끔찍하리만치 많아서 이동하고 공연하기를 무한 반복하는 생활을 계속했다. 그녀는 자신을 돌아볼 시간도, 친구들과 스트레스를 풀 여유도 없었을 것이다. 그러면서도 그녀가 사망하기 몇 달 전 ABC 방송의 아침 방송인 〈굿 모닝 아메리카(Good Morning America)〉의 인터뷰에서는 자신의 섭식장애와 건강에 대해 전혀 문제없다고 거짓을 말해야 했다. 어쩌면 그녀는 이를 거짓이라고 생각하지 못했을 수도 있다. '거식증'이 질병이 아니라 자신의 가수로서의 삶을 유지시켜주는 동아줄이라고 생각했을지도 모른다. 한 명의 스타가 온전히 겪어야 했던 끔찍한 압박 때문에 그녀는 '자신이 무너지는 것(self-destruction)'을 인식하지 못했던 듯하다. 어쩌면 그녀는 자신에게 닥친 위험을 부정하고 있었던 것일 수 있다.

자신을 통제한다는 것과 거식증, 그리고 죽음

수잔 보르도는 거식증이 "우리 시대의 다면적이고 이질적인 고통들이 여러 겹으로 얽혀 있는 징후"라고 하면서 "다양한 문화의 흐름들이 '거식증'으로 수렴되어 완벽하고 정확하게 자신들을 드러낸다"고 말했다(보르도의 책 『참을 수 없는 몸의 무거움』(2003) 참조).

그녀의 연구에 따르면, 거식증의 방아쇠는 '자기 통제 성공의 경험'이다. 배고프고, 무엇인가를 먹고 싶어 하는 생물학적 본능을 참고 인내하는 것을 '주체적 의지의 성공', '자기 통제의 성공'이라고 여기게 된다는 것이다. 이러한 경험을 강요받은 고통이 아니라, '성공'이라고 인식하게 되는 또 하나의 이유는 '여성'이라는 젠더와 권력의 문제에 연결된다.

사회적으로 여성이 우월하고 성공적인 지위에 도달하기란 남성보다 더 어려운 것은 분명하다. 카렌의 경우, 늘 오빠 리처드에게 음악적으로나, 사생활에서나, 어머니의 사랑을 받는 면에서나 뒤처져 있다고 느꼈지만, 무대의 중앙에 서면서 오빠보다 더 관심받는 인물이 되었다. 사실 그녀의 독특한 음색과 뛰어난 연주 실력이 있었기에 가능한 일이었지만, 그녀가 무대의 중앙에 서면서 대중들은 그녀의 몸매를 주목하게 된다. 그녀는 스스로 금식을 통해 더 매력적인 몸매를 뽐낼 수 있게 되고, 주변으로부터 더 많은 찬사를 받게 되었다. 그때, 그녀는 자신을 성공으로 이끈 실체가 자신의 실력이 아니라, 자신의 '자기 통제' 덕분이라고 생각하게 된다. 결국 그녀는 스스로의 자기 통제를 더욱 강화했을 것이다. 그 이후로 금식의 고통을 달콤하게 느끼게 되었고, 자신의 육체와 정신이 쇠약해지는 것도 모른 채 자기 통제를 더욱 강화하였다.

늘 자신보다 앞서가던 오빠, 그리고 늘 자신의 생활을 참견하고 잔소리하던 엄마로부터 벗어나 스스로 자신을 뽐낼 수 있는 길이 '자기 통제', 그중에서도 '금식'이라고 여기게 되었던 것이다. 보르도는 카렌이 활동하던 시대, 즉 1960~70년대를 역사적으로 이해하는 것이 거식증을 이해하는 데에 중요하다고 강조한다. 2차 대전 무렵, 인구가 줄어들자 여성들을 공장과 산업 현장에 내보내는 것이 '여성을 위한 것'이라고 포장하다가, 1960년대 이후 다시 여성을 가정으로 돌려보내야 한다고 선전하기 시작했던 시기라는 것이다. 보르도는 이를 일터에서 여성을 해고하는 것을 당연하게 받아들이게 하려는 전략으로 이해한다.

남매 그룹이었지만, 30명이 넘는 스태프 대부분은 남성들이었다. 그 안에서 여성으로서 살아남는다는 것은 사실 여성으로 살아남은 것이 아니었다. 미디어의 상품으로 남기 위한 전략에 휩쓸린 것일 뿐이었다. 그녀는 스타의 자격을 갖추려 할수록 자신의 몸을 통제하려 들었다. 그러나 '자기 통제'의 끝은 결국 죽음이었다. 의학적으로 죽음이란 아무것도 스스로 통제할 수 없는 상태를 의미한다.

카렌과 그녀의 노래

카렌의 노래에 그녀의 고통이 명백히 드러나지 않는다. 그녀의 노래는 리처드나 다른 남성 프로듀서의 감독을 받은 노래였기 때문이다. 그러나 그녀는 늘 활기찼고 적극적이었다. 사망한 달 전 그래미 25주년 기념사진 촬영에서 만난 동료들도 그녀의 밝은 기운을 기억했다. 카펜터즈의 주인공은 카렌이었다. 하지만 그녀는 그녀 인생의 주인공이 되지는 못했던 것 같다. 그녀는 자신의 주체성을 발휘하는 방법을 제대로 찾지 못했다. 많은 사회적 요인과 산업적 요구가 그녀에게 가혹한 압박이 되었다. 그녀의 청아한 목소리에 휑한 공허가 느껴지는 것은 어쩌면 이러한 이유 때문일 것이다. 밝은 조명은 그녀를 돋보이게 했지만, 그 뒤의 그림자는 그녀의 자아 정체성에 깊게 드리웠다.

지금도 대중들의 사랑을 받고 인기를 얻은 연예인들이, 그리고 그 꿈을 꾸는 연습생들이 금식을 강요받고, 거식증의 위험에 노출되어 있다. 아니, 이제 연예인뿐만 아니라, 평범한 사회인들이나 학생들도 마찬가지다. 거식증은 진정한 자기 통제의 길이 아님은 분명하다. 그것은 자신의 육체와 정신을 병들게 하고, 죽음에 이르게 할 뿐이다.

06

——

오자키 유타카와
젊은 죽음

최
우
석

"사람은 언제 죽는가?(人はいつ死ぬと思うか)"

오다 에이치로(尾田栄一郎, 1975.11~)의 인기 만화 〈원피스〉를 좋아하는 사람에게 이 말은 유명한 문장이다. 이는 〈원피스〉 극장판 애니메이션 9기 '에피소드 오브 쵸파'에서 주인공 '루피'의 동료 '쵸파'에게 의술을 알려준 '닥터 히루루크'가 죽기 전에 던진 말이다. 히루루크는 사람은 다음과 같을 때 죽는다고 이야기한다. "심장이 총알에 뚫렸을 때? 아니지, 불치병에 걸렸을 때? 아니지, 맹독 버섯수프를 먹었을 때? 아니지, 사람들에게 잊혔을 때다(人に忘れられた時さ)."

"사람들에게 잊혔을 때 죽는다"라는 말은 시대와 문화를 막론하고 누구나 고개를 끄덕이게 한다. "사람들의 기억에서 사라질 때 진짜 죽는다"라는 주제는 미국의 디즈니사에서 제작한 애니메이션 〈코코〉에서도 드러난다. 멕시코의 전통축제 '죽은 자들의 날'을 배경으로 이 만화는 기억할 수 있는 사람이 아무도 없을 때 죽은 자들은 진짜 소멸한다는 내용을 흥미롭게 전한다.

사실, "사람들에게 잊혔을 때 죽는다"라는 대사는 만화에서나 나올 법한 비현실적인 말이 아니다. 이 말은 육체가 보이지 않는다고 해도 죽은 자는 사람들의 기억 속에서 살아 있다는 뜻이다. 우리는 일상에서 죽은 자들을 기억하고 이들과 함께 살아간다. 가령, 조상을 기리는 제사가 그렇다. 제사 외에도 죽은 자의 사진이나 유품을 보관하는 일도 죽은 자가 여전히 죽지 않은 채 기억 속에서 살아가는 일이다. 죽은 자는 살아 있는 사람의 기억 속에서 살아 있다. 어떻게 보면, 죽음이란 죽음을 맞이한 당사자의 것이 아닌, 타인에게 속한 것이요, 살아 있는 사람들에 의해 규정된다. 달리 말해, 죽음은 자신만의 것이 아닌 타인과 함께 공유되는 것이리라. 죽음은 죽은 사람의 것이 아니다. 그래서 사람은 쉽게 죽지 못한다.

죽은 사람이 살아 있는 사람들의 기억 속에서 살아간다고 해도, 기억 속에 살아 있는 사람은 결코 온전한 모습으로 사는 게 아니다. 왜냐하면 살아 있는 사람들 저마다 떠올린 죽은 자에 대한 기억은 주관적으로 상이할 수밖에 없기 때문이다. 죽은 자의 모습은 살아 있는 사람들의 기억에 의존할 수밖에 없다. 죽은 자란 결코 객관적으로 상기되지 않는다. 오히려 기억 속에 살아 있는 자는 현실을 살아가는 사람들이 떠올린 주관적 이해로만 나타날 뿐이다. 죽은 자는 살아 있는 자의 기억으로 부활한다. 역사 속의 인물들을 떠올려 보자. 우리는 직접적으로 기억을 공유하고 있지 않아도 전해들은 이야기만으로 이들을 살려낸다. 소환된 죽은 자의 모습은 살아 있는 사람이 어떻게 상기하느냐에 따라 달라진다. 어떤 죽은 자는 노인의 모습이며, 또 다른 어떤 죽은 자는 어린아이의 모습이다. 어떤 사람은 영웅이며, 어떤 죽은 자는 감사한 마음으로 기억되는 온화하고 다정한 모습이다. 물론, 어떤 죽은 자의 모습은 오만하고 비겁한 모습일 수 있다.

죽은 자의 삶이 살아 있는 사람의 기억으로 죽지 않는다면, 죽은 자는 영원한 삶을 누릴 수도 있을 것이다. '영원한 삶'이 거창한 표현일 수 있겠다. 하지만 예를 들어 한국 사람의 기억 속에 소환되는 이순신은 영원히 영웅으로 살지 않을까? 이완용은 어떤가? 그는 영원히 매국자로 살아갈 것이다. 죽음이 타인에 의해 규정되고, 공유되며, 전수된다면, 이순신에 대한 기억이 그리고 이완용에 대한 기억이 영웅이나 매국자의 삶으로 잊히지 않는 이상 이들은 영원히 사람들의 기억 속에서 그렇게 살아갈 것이다. 이들은 죽어도 죽은 게 아니다. 적어도 닥터 히루루크의 말에 따르면 말이다.

　기왕 산 사람들의 기억 속에서 살아간다면 인생의 가장 푸른 시기인 청춘의 모습으로 사는 게 좋을 것 같다. 영원히 젊은 사람의 모습으로 사는 것을 바라볼 법하다. 사람은 누구나 젊어지기를, 그리고 그러한 젊음이 유지되기를 원한다. 현실에서는 이러한 바람이 이루어질 수 없다. 다만 죽어서 이를 실현한 사람이 있다. 즉, 죽었지만 영원히 젊은 사람으로 기억 속에서 살아가는 사람 말이다. 죽은 사람이 젊은 사람으로 기억된다면, 그리고 그 기억이 지속된다면 죽은 그 사람은 영원히 젊은 사람으로 산다. 이를 '젊은 죽음'이라고 부르자. 기억 속에서 젊게 사는 사람의 죽음이 곧 젊은 죽음이 아닐까? 이 글의 제목에서 죽음을 '젊은'이라는 수식어로 꾸민 이유는 사람들에게 젊은 사람으로 기억되는 죽은 자가 있기 때문이다. 당연하게도 죽음이 늙거나 젊을 수는 없다. 죽음은 시간의 간격이나 정도가 없는 단 한 번의 사건이기 때문이다. 그럼에도 불구하고 앞서 언급한 것처럼, 사람이 진짜로 죽는 일은 기억에서 잊힐 때라고 가정해 보자. 어떤 사람의 죽음이 산 사람의 생각에 의존하고 있다면, 그래서 사람들의 기억 속에서 죽은 자가 젊은 사람으로만 상기된

다면, 살아 있을 때 어떤 모습이든 어떤 삶을 살았던 간에 죽은
자는 젊은 사람으로 살아 있는 법이다. 그 사람은 죽었지만, 젊
다. 적어도 그는 현실을 살아가는 사람들과 함께 젊은 사람으로
살아간다.

나는 이쯤에서 "젊은 가수"로 기억되는 사람을 소개하고 싶
다. 이제 소개할 사람은 죽었지만 사람들의 기억 속에 젊은 가
수로 살아간다. 젊은 사람으로 기억되는 수많은 사람들이 있다.
죽지 않았지만, 아마도 한국인에게 조용필은 죽어서도 '영원한
오빠'로 살 것이다. 일본인에게 기억되는 젊은 사람, 청춘의 가
수를 꼽는다면, 오자키 유타카(尾崎豊, 1965.11.29~1992.4.25)를 빼
놓을 수 없다. 그는 1980년대 일본에서 최고의 인기를 누렸지
만 요절한 가수이다. 그는 향년 26세라는 젊은 나이에 죽었다.
그를 기억하는 많은 사람들은 오늘날에도 여전히 오자키를 젊
은 가수로서 상기한다. 도쿄의 시부야에 있는 크로스 타워 건물
계단에 보면 그를 추모하는 작은 공간이 있다. 거기에는 오자키
의 얼굴을 새긴 철제 판이 있고, 그 옆으로는 벽돌들이 낮은 담
장을 이루고 있다. 지금까지도 많은 팬들은 벽돌에다 감사와 사
랑을 표현한다. 팬들은 젊은 가수 오자키를 기리며 붉은 벽돌에
다 글을 새긴다. 현장에 가 보면 한글도 적잖이 눈에 띈다. 짧은

오자키 유타카의 부조
오자키 유타카의 부조는 도쿄도 시부야 구
시부야 크로스 타워 테라스에 있다.(출처:
ⓒ李桃桃内, https://commons.wikimedia.org/
wiki/File:Relief_of_Yutaka_Ozaki_at_Shibuya_
Cross_Tower_in_Shibuya,_Tokyo.jpg, CC BY-
SA 4.0)

활동 기간에도 불구하고 오자키는 오늘날까지 많은 사랑과 관심을 받고 있다. 한마디로 그는 26세라는 젊은 가수로서 팬들의 기억 속에 살아 있다.

청춘을 노래한 오자키

오자키는 네 번째 싱글 〈졸업(卒業)〉이란 노래로 대성공한 가수이다. 〈졸업〉 외에도 그의 대표곡으로는 〈I Love You〉, 〈17세의 지도(十七歳の地図)〉, 〈열다섯의 밤(15の夜)〉 등이 있다. 한국에서는 한때 그의 노래 〈I Love You〉를 가수 포지션이 리메이크 한 바 있다. 포지션의 노래의 원작자는 바로 오자키이다. 그는 왜 젊은 가수로 기억되는가? 수많은 팬들에게 오자키가 젊음의 상징으로 기억되는 이유는 그가 살아생전 젊은 방황을, 젊은 분노와 저항을 노래했기 때문이다. 그는 애절하고도 힘 있게, 때론 처절하게 절규하며 '젊음'을 애타게 불렀다. 그런 그는 젊음만을 보여준 채 우리의 기억이 되었다.

그의 노래는 젊음을 상징하는 방황, 저항, 그리고 자유를 담고 있다. 도대체 그가 부른 젊은 방황, 젊은 분노, 젊은 자유가 무엇이란 말인가? 우리는 유튜브를 통해 그가 노래하는 모습을 쉽게 찾아볼 수 있는데, 그의 노래하는 모습은 무언가를 애타고 처절하게 찾는 인상을 준다. 노래하는 오자키의 모습은 마치 젊음이 주는 복잡하고 짊어지기 버거운 고통과 희열을 끌어안은 모습이다. 그래서인지 오자키의 창법은 선율에 맞춰 감미롭게 들리기보다는 온 몸으로 외치는 '샤우팅'에 가깝다. 샤우팅을 하는 오자키는 라이브 무대에서 특히 목이 심하게 쉬어 버려 목소리가 나오지 않는 모습을 자주 내보인다. 오자키가 처절하게 절규하면서도 애타는 마음으로 부른 젊음이란 무엇일까? 여기서 잠깐 그가 직접 작사, 작곡한 그의 대표곡 〈졸업〉의 가사 중 일부를 살펴보자.

예의바르거나 성실한 짓 따윈 하지 않았다.
밤에는 교실의 창문을 부수고 돌아왔다.
계속 말을 듣지 않고 몸부림쳤다.
빨리 자유로워지고 싶었다.
믿을 수 없는 어른들과의 싸움 속에서
서로 용서한다는 게 무엇인지를 알 수 있었겠나.
진저리를 치면서도 그렇게 지냈다.
단 하나 이해하고 있었던 것은 이 지배로부터 졸업.

… (중략) …

선생, 당신은 약한 어른들의 대변자인가.

우리들의 분노는 어디로 향해야 하는가.

이제부터는 무엇이 나를 속박할 것인가.

앞으로도 몇 번 자기 자신을 졸업하면

진정한 자신에 이를 수 있는가.

조작된 자유, 그 누구도 알아차리지 못한 채

발버둥친 날들도 이제 끝이다.

이 지배로부터 졸업.

이 싸움으로부터 졸업."

위 가사가 보여주듯, 오자키의 노래는 사춘기 시절 누구나 가
졌을 법한 감성을 고스란히 담고 있다. 그의 노래는 사춘기 때
학교나 사회의 부조리에 대항하는 소년의 마음을, 알 수 없는
감정에 휩쓸린 분노를, 그리고 자유롭지 못한 현실에서 몸부림
치는 절규를 보여준다. 말 그대로 젊은 시절에 느끼는 주체할
수 없는 감정을 드러낸다. 누구나 청소년 시절 한 번쯤 괜히 무
언가 저항하고 싶은 충동을 느꼈을 것이다. 알 수 없지만 사회
에 그저 순응하거나 복종하고 싶지 않은 마음 말이다. 오자키는

"예의바르게 성실하게 살아라"라는 말을 '꼰대'의 말로 치부해 버리고 싶은 그런 저항을 외치고 있다. 무엇인가에 구속되지 않고 이로부터 졸업하고 싶다는 절규를 노래가사에 담은 것이다. 한마디로 오자키는 사춘기 젊은 시절 경험한 복잡한 심정들을 노래한다.

인생의 푸른 봄과 같은 시기에 느낄 법한 감정들이 오자키의 노래에 담겨있다. 알 수 없는 분노와 저항을, '구속으로부터의 자유!'라고 외치고 싶은 절규를 오자키는 내지르고 있다. 누구나 큰소리로 한 번쯤은 외치고 싶었던 함성을 말이다. 오자키의 노래는 그런 복잡 미묘한 마음속 응어리를 항변한다. 그는 젊은 방황, 분노, 자유를 노래한다. 〈졸업〉 외에도 그의 또 다른 대표곡, 〈17세의 지도〉, 〈열다섯의 밤〉에서도 이러한 감성은 여실히 드러난다. 오자키는 소위 '질풍노도기'라 불리는 청소년 시절부터 앓게 될 열병을 토로하고 있다. 그래서 그가 부른 젊음은 20대의 젊음보다 더 아래로 내려간 젊음이다.

물론, 그의 노래를 속되게 평가한다면, '중2병'의 노래라고 볼 수 있다. 사회에 적응하지 못한 채 이유 없이 분노하고 반항하는 사춘기 청소년의 비이성적인 감성을 노래에다 담았다고 말이다. 그럼에도 불구하고 그의 노래는 중2병의 노래로 치부되기에는, 그러니까 그냥 허세가 넘치는 노래라고 평가되기에는 힘 있는 호소력을 지닌다. 〈졸업〉의 노래가사에서 나오듯 모든 지배나 구속으로부터의 졸업, 즉 참된 자유를 염원하는 간절한 그의 몸부림은 듣는 이들의 마음을 무섭게 흔든다. 그의 노래는 사뭇 진지하다. 그래서일까 오자키의 노래를 들었던 당대 많은 청소년들은 학교의 유리창을 깨고 가출을 하는 등 수많은 사회적 반항을 일으켰다고 한다. 당시 그의 노래는 금지곡으로 규정된 적도 있다. 아마도 사춘기 시절 경험했던 감정을 오자키는 온몸으로 고스란히 표현했기에 사람들의 몸과 마음을 더 뒤흔들었을 것이다. 한마디로 그의 노래는 영향력이 컸으며 지금도 유효하다. 그렇기 때문에 그는 사랑을 받았고 여전히 젊은 가수로서 추억되고 있다. 그는 죽었으나 팬들의 기억 속에 젊은 가수로서 살아 있다. 그는 청춘을 노래한 가수이다.

오자키의 삶과 죽음

오자키는 청소년 시절 동네에서든 학교에서든 문제아로 알려졌다고 한다. 특히 그는 고등학교 재학 시절에 음주, 흡연 및 패싸움 등으로 징계와 정학 처분을 받은 경력이 있다. 인터넷 검색 사이트에서 확인되는 정보에 따르면 오자키의 음악은 이러한 반항과 근신 처분에서 태동되었다고 한다. 집 밖으로 나갈 수 없는 근신 처분 기간 동안 그는 집에서 혼자 기타를 치며 음악에 대한 열정과 재능을 키워나갔고, 이때부터 작곡과 작사를 시작하였다고 한다. 집에 머무르며 발견한 자신의 재능을 오자키는 더 크게 키우고 싶었던 것 같다. 반항아였지만 음악인의 길을 선택한 오자키는 1982년 고교생 신분으로 CBS 소니 재팬의 오디션에 참가하여 합격한다. 가수로서의 길을 선택한 오자키는 재학 중이던 '아오야마 가쿠인 고등학교'를 자퇴했는데, 이러한 이력을 발판 삼아 '고등학교를 중퇴한 10대 락커'라는 반항적인 이미지로 자신을 드러내었다. 1983년에 그는 첫 번째 싱글, 〈열다섯의 밤〉과 같은 해에 〈17세의 지도〉를 타이틀곡으로 내세운 앨범을 발매하며 데뷔하였다.

10대 락커이자 싱어 송 라이터로서 오자키는 당대에 상업적으로 큰 성공을 거둔다. 오자키가 사랑받은 비결은 수려한 외모가 한몫을 하지만 무엇보다 그의 노래가 '젊은 노래'로 사람들에게 깊은 인상을 심어 준 것에 있다. 그의 노래가 일본 가요계에 락 열풍을 낳았던 것도 그가 젊은 가수로서 사랑받은 이유이다. 락은 젊음의 상징이 아니던가? 저항의 상징으로서 락은 자유를 표방하는 음악이다. 일본에서의 락 음악에 대한 오자키의 영향은 결코 과소평가되지 않는다. 오자키는 90년대 일본에서의 락 밴드 열풍에 일조한 사람으로 평가받는다. 많은 음악 평론가들은 실질적으로 오자키의 음악을 기점으로 '미스터 칠드런'(Mr. Children), '스피츠'(Spitz) 더 나아가 '래드윔프스'(RADWIMPS)와 같은 일본의 대표적인 락 밴드가 등장했다고 본다. 하지만 이 글에서는 오자키의 음악적 영향이 어느 정도였으며, 어떻게 그러한 평가를 받을 수 있는지를 논하지 않는다. 다만 일본에 끼친 영향이 이렇게 큰 전설적인 가수가 어쩌다 이른 나이에 죽게 된 것인지를 잠시 들여다보기로 하자.

1992년 4월 25일 병원에서 진단한 오자키의 사인은 '폐수종'이다. 사인이 병원으로부터 밝혀졌음에도 불구하고 그를 기억하는 많은 사람들은 오자키의 죽음을 여전히 의문사로 간주한다. 그 이유는 몇 가지가 있다. 1992년 4월 25일 새벽 5시 45분경 한 민가 앞에서 나체로 쓰러진 채 동네 주민에게 발견된 오자키는 병원으로 이송되었는데, 발견될 당시 그의 몸에는 여러 개의 멍 자국과 상처들이 있었다고 한다. 온전하게 회복되지 않았지만 오자키의 부인 '시게미'는 그를 병원에서 집으로 데려온다. 전날 술을 많이 마셔서인지 오자키에게는 술 냄새가 많이 났다고 한다. 그럼에도 그는 의식은 있었고, 사망하기 직전까지도 부인 시게미와 형 '야스시', 매니저 '다이라쿠'와 대화를 했다고 한다. 하지만 호흡을 가쁘게 하며 구토 증세를 보였던 오자키는 오전 10시쯤 갑자기 상태가 안 좋아졌고, 다시 병원으로 긴급하게 호송되어 응급처치를 받았지만 끝내 12시경 사망한다.

최초 오자키를 목격한 사람에 따르면 그가 발견될 당시 구타당한 모습이었다고 한다. 오자키를 회고한 그의 친형의 글 「오자키 유타카의 사랑과 죽음」에서도 오자키의 눈은 누구에게 맞은 것처럼 심하게 부어 있었다고 상술한다. 이를 두고 사람들은 오자키의 사인이 그에게 앙심을 품은 자의 범행에 있다고 추정한다. 실제로 그는 죽기 직전 불편한 관계에 있던 사람들이 다수 있었다. 오자키는 기존의 소속사로부터 독립함으로써 자신이 속해 있던 전 소속사 마더 엔터프라이즈의 대표, '후쿠다'와 사이가 좋지 않았다. 그리고 오자키는 개인 사무소 '이소토프'(ISOTOPE)를 운영하는 과정에서 투자자와 마찰을 일으켰다고 한다. 특히 오자키는 부인, 시게미와 이혼 소송 중이어서 서로 사이가 좋지 않았다. 당시 상당수의 사람들은 오자키의 죽음의 배후에 시게미가 있다고 보았다.

오자키 사후 공개된 부검결과에는 오자키의 체내에 마약 성분이 검출되었다는 기록이 있다. 하지만 형 야스시의 회고에 따르면 오자키는 죽기 직전 형에게 연거푸 미안하다는 말과 함께 자신은 전혀 약을 하지 않았다고 한다. 그리고 공개된 부검 결과에는 최초 목격자의 진술과는 상이하게 오자키의 몸에 폭행의 흔적이 없었다고 기록되었다. 부검에 따르면 그는 누군가의 폭행으로 죽은 게 아니다. 오자키는 죽기 직전까지 혼자서 구르거나 벽을 치는 가학적 행동을 보였다고 하는데, 이는 마약 중독자에게서 흔히 나타나는 증상이라고 한다. 당시 오자키는 끊은 줄 알았던 마약을 다시 복용했다고, 이것이 그를 죽음에 이르게 했다고 볼 수 있다.

형은 회고록에서 사람들에게 남겨진 동생의 이미지가 상업적으로 이용되는 게 무척이나 싫었다고 밝힌다. 고인이 된 동생이 상업적 효용의 수단으로 활용되는 게 못마땅했을 것이다. 오자키의 죽음의 배경에는 무엇이 있었는지는 아무도 모른다. 죽기 전날에 술을 많이 마셨다는 것, 발견 당시 나체 상태였다는 것, 몸에는 상처가 있었으며, 응급처치 후에도 온전하지 못한 말과 행동을 보였다는 것, 그리고 주위에 불편한 관계에 있는 사람들이 있다는 것, 끝으로 부검 결과 신체에서 마약 성분이 검출되었다는 것 정도를 생각해볼 수 있다. 왜 갑자기 팬들의 곁을 떠나게 되었는지를 오자키는 분명하게 알리지 않았다. 그의 사인은 오직 죽은 본인만이 잘 알 것이다. 아니 어쩌면 죽은 본인도 모를 수 있겠다. 다만 분명한 점은 그가 홀연히 팬들 곁을 떠났다는 것이다. 그는 팬들을 떠났어도 팬들은 여전히 그를 기억한다.

그의 발인은 사망 5일 후인 1992년 4월 30일에 치러졌으며, 비가 오는 날임에도 불구하고 그를 실은 운구 옆으로 수많은 사람들이 몰렸고 영결식에는 무려 3만 7천 명이 참석했다고 한다. 영결식 날 팬들은 단체로 〈졸업〉을 울부짖으며 합창하였다고 한다. 오자키의 죽음은 의문을 남겼지만, 그를 전설적인 젊음의 가수로 남게 했다. 그는 죽어서도 죽지 않은 채 팬들의 기억 속에서 젊게 살고 있다.

청춘이 된 죽음

죽음은 생(生)의 종말이지만, 죽지 않은 사람들의 기억에서 다른 방식으로 살게 한다. 우리 인간은 죽게 되어 있다는 사실을 인정할 수밖에 없다. 하지만 죽음은 육체가 사라지는 것만이 전부가 아니다. 닥터 히루루크의 말처럼 죽음은 잊힐 때 종결된다. 오자키는 여전히 잊히지 않은 채 우리 곁에 남아 젊음을 노래한다. 여전히 많은 사람들은 그의 노래를 들으며 "이 모든 지배로부터의 졸업"을 외친다. 가수 오자키는 살아생전 라이브 무대에서 '졸업'을 부르기 전 피아노 건반을 두드리며 미소를 머금은 채 "우리의 삶이 축복받길 원한다"라고 말한 바 있다. 그가 빌던 축복은 여전히 팬들의 마음을 울린다. 그의 노래를 듣는 우리는 그가 건넨 말과 노래에 힘을 얻는다. 그의 노래를 들을 때마다 우리는 가슴 뭉클한 젊음을 부여잡는다. 그는 죽었지만 젊은 가수로서 우리의 기억 속에 살아 있다.

그가 청춘이 될 수 있었던 것은 죽음 때문이다. 죽었기에 비로소 알 수 있는 게 있다면 부재로 인해 우리에게 남겨진 것이다. 모든 사람에게 죽음은 평등하지만, 죽음으로 남기는 것은 평등하지 않다. 우리 역시 죽는다. 모두 죽는다. '나'의 죽음은 누군가에게 '너' 혹은 '그(녀)'의 죽음이 된다. 나의 죽음은 나의 세계의 소멸이지만, 동시에 누군가에게 새로운 세계를 선사하는 일이다. 가령, 내가 죽었을 때 나를 위해 슬퍼하고 애도를 표하는 사람들은 나의 부재로부터 시작되는 세계를 살아간다. 나의 부재는 누군가에게 슬픔의 세계일 수 있으며, 영원히 간직하고 싶은 추억을 회상하는 세계일 수 있다.

어떤 사람의 죽음이 '그(녀)'의 죽음인 삼인칭의 죽음이 아닌

'너'라는 이인칭의 죽음이 될 때, 다시 말해 나와의 관계 속에서 함께 삶을 살아간 기억을 공유하는 '너'의 죽음이라면, 그 죽음이 선사하는 의미는 더욱 가슴을 훔치는 사건이 된다. 오자키의 죽음은 적어도 삼인칭의 죽음이 아니었다. 그의 죽음은 '너'의 죽음이었기에 많은 사람들의 가슴을 요동치게 했다.

그의 죽음이 남긴 의미는 사람은 죽어서도 '청춘의 향기'를 전할 수 있다는 사실이다. 오자키를 회상하는 사람들은 그의 부재 속에서 오자키의 어두운 죽음을 떠올리지 않는다. 그의 부재로 잠시 슬펐을 수 있으나 그 슬픔은 뒤로한 채 이제는 그를 청춘으로 회상한다. 사람들은 그로 인해 밝은 청춘의 향기를 향유하고 음미한다. 그의 죽음은 우리의 삶도 죽음으로 남길 수 있는 게 무엇인지를 생각하게 한다. 죽음도 청춘이 될 수 있다는 사실을 청춘을 노래한 오자키의 죽음을 통해 깨닫게 된다.

"나의 부재는 나를 기억하는 사람들에게 어떤 것을 남길까?" 내가 죽으면 나는 어떤 기억으로 살아갈지 문득 궁금해진다. 오자키는 청춘이 되었다. 죽음은 누구에게나 평등하나 기억으로 부활되는 죽음은 결코 평등하지 않다. 그래서 일까, 오자키의 청춘의 죽음은 도리어 '지금'의 삶을 돌아보게 한다.

07
—
장국영과 아픈 죽음

최
우
석

삶, 고통, 죽음

사람은 고통을 완벽하게 피할 수 없다.

아기는 엄마의 뱃속에서 나올 때부터 고통으로 울부짖는다. 우리는 살아가면서 몸을 다치든 마음에 상처를 입든 어떤 방식으로든 간에 고통을 겪는다. 고통스럽게 살다가 사람들은 종국적으로 죽음을 맞이하며 고통에서 벗어난다. 죽음은 고통과 이별할 수 있게 한다. 그렇다면 죽음은 고통으로부터 벗어나게 하는 치유일까? 죽음은 벗어남, 상실 그 자체라서 고통이 아니라고 생각될 수 있다. 죽으면 전혀 고통을 느끼지 못하기 때문이리라. 그럼에도 불구하고 대부분의 사람들은 고통을 피하기 위해 죽음을 택하지 않는다. 되도록 피하고 싶은 게 죽음이다. 뿐만 아니라 나의 죽음 말고도 내 곁의 사랑하는 사람의 죽음도 우리는 원하지 않는다. 죽음은 살아 있는 자에게 큰 고통을 남기기 때문이다. 이런 점에서 죽음은 고통으로부터의 벗어남이라고 단정할 수 없다. 고통으로부터 해방되고자 자살을 선택해도 이는 결코 고통의 부재로 이어지지 않는다. 살아 있는 사람에게 고통을 남기기 때문이다. "나의 고통만 사라지면 돼"라는 잘못된 발상에서 비롯된 게 자살이 아닐까? 어쩜 자살은 이기적인 선택이다. 죽은 자의 고통은 남은 사람들이 물려받는다.

사람은 태어날 때부터 죽을 때까지 고통으로 시작해 고통으로 끝나는 삶을 산다. 세상을 마주하는 순간부터 고통이다. 세상에 나온 순간부터 크든 작든 고통을 겪으며 살다 죽는 게 인간의 모습이 아닐까? 인간의 삶은 고통과 함께 한다. 한마디로 인간의 삶에 고통이란 곧 알파이자 오메가이다. 인간의 삶은 고통이다. 일찍이 소크라테스는 고통이 없는 쾌락만 있는 삶을 생각할 수 없다고 했다. 그에 따르면 쾌락만 있다는 말은 쾌락이 무엇인지를 판단할 수 있다는 것인데, 쾌락을 판단할 수 있다는 말은 쾌락이 아닌 고통이 무엇인지를 알고 있다는 뜻이다. 즉 쾌락을 안다는 말은 고통을 안다는 말과 같다. 쾌락과 고통은 늘 함께하는 것이다. 어떤 것이 고통스럽지 않고 즐겁거나 기쁘다는 말은 고통을 알 때만 이해될 수 있는 말이다. 소크라테스가 볼 때, 고통을 모르는 상태는 쾌락을 모르는 상태와 같다. 그래서 그는 무엇이 쾌락인지를 판단할 수 없는 상태, 즉 고통을 삭제한 채 쾌락만이 있다고 여겨지는 삶은 해파리나 조개류의 삶과 다를 바 없다고 본다. 이런 사정에 따르면 우리의 삶을 오직 즐거움만으로 채우겠다는 노력은 헛된 행위에 불과하다. 즐거운 일만 가득한 삶은 좋고 나쁨도, 즐거움이나 불행도 구별할 줄 모르는 해파리나 조개류의 삶이니까. 삶의 시작부터 그 끝을 맺을 때까지 고통 없는 삶을 생각할 수 없다. 행복도 쾌락도 잠시다. 이들 뒤에는 정도는 달라도 늘 고통이 뒤따른다. 다시 말해, 고통이란 우리와 함께하는 것이다. 그래서 인간의 삶은 늘 고통스럽다.

고통이 무엇인지를 알기에 쾌락을 추구하는 게 인간의 삶이다. 쾌락만을 추구한다고 해도 고통은 보이지 않는 곳에서 유령처럼 우리를 늘 따라다닌다. 죽음도 마찬가지! 지금도 고통과 죽음은 우리 곁을 배회하고 있다. 고통을 알기에 쾌락을 추구하며, 죽음을 알기에 살려고 몸부림치는 게 삶이리라. "memento mori(죽음을 기억하라!)", "carpe diem(오늘을 즐겨라!)"와 같은 문구를 사람들이 즐겨 찾는 이유가 바로 여기에 있을 것이다. "매일을 인생의 마지막 날처럼 살아라"라는 문구에 사람들이 관심을 갖는 것은 그 누구도 고통과 죽음을 완벽하게 피할 수 없기 때문이다. 다시 강조해보자. 정도가 상대적일 수 있지만 고통은 모든 인간에게 부여된다. 죽음도 모든 사람에게 주어진다. 이런 점에서 고통도 죽음도 우리 모두에게 평등하다. 차별 없이 모든 사람은 고통과 죽음을 갖는다.

그럼에도 불구하고 사람들은 고통과 죽음을 안 가지려 한다. 살아가는 동안 아픈 고통을 겪고 싶어 하지 않는 게 인간의 마음이다. "아프니까 청춘이다"라는 문구는 아픔을 피하고 싶은 청년의 심정을 외면하는 말이다. 고통의 강도가 어떠하든 간에 사람은 살아가는 동안 고통을 경험하려 하지 않는다. 하지만 행복은 고통의 부재가 아니다. 그래서 고통 없는 행복의 길은 살아생전 보이지 않는다. 고통을 완벽하게 피할 수 없다. 그럼에도 고통을 피할 수 있다고 보는 사람이 있다. 최후의 탈출구가 곧 자살이라고 믿는 사람이 그렇다. 다만, 자살을 통해 고통에서 벗어나고자 해도 고통은 산 사람의 기억에서 떠나지 않는다. 자살한 사람이 떠안은 고통도 산 사람의 기억 속에서 지워지지 않는다. 그래서 자살한 사람도 고통을 끝낸 게 아니라고 볼 수 있다.

장국영과 함께 했던 기억

　고통을 덮어둔 채 애써 행복하다고 스스로 기만하는 행위의 연속이 삶이 아닐까? 그와 같은 기만의 기만이라는 꼬리를 물고 가다보면 우울이 보인다. 어쩜 우울증은 삶의 진실을 직시하려는 욕망으로부터 비롯된 것이리라. 고통과 죽음이 피할 수 없는 것이라면, 우리는 고통 속에 있으며 언젠가 죽는다는 사실을 마주할 수밖에 없다. 그래서 우울하다. 숨어서 인간 삶을 지탱하고 있는 바닥이 곧 우울함이다. 삶을 지탱하는 우울의 바닥이 휘청거리며 자신을 드러내는 순간 우리는 심연으로 빠진다. 어두운 심연 속에서 인간은 더 고통스럽다. 칠흑 같은 깊은 심연에서 숨 가쁘게 허우적거릴 때, 혹은 아무것도 보이지 않는 외로움 속에서 온몸으로 고통을 떠안을 때, 자살은 불가피한 처방으로 보일 수 있다. 극심한 고통을 끝낼 방도가 죽음이라면 누구든 죽음으로써 끝을 맺고 싶지 않을까? 자살은 죽음으로써 찾을 수 있는 해방구로 보인다. 하지만 앞서 이야기했듯, 자살은 이기적이다. 왜냐하면 죽은 자를 기억하는 살아 있는 사람에게 고통을 주기 때문이다. 기억 속에서 살아가는 자살한 사람도 고통으로 회상될 뿐이다. 그래서 자살은 아픔을 낳는다. 자살한 사람의 죽음은 '아픈 죽음'이다.

자살하여 팬들의 곁을 떠난 국내, 외 연예인은 많다. 슬픔으로 애도를 표하고 싶은 수많은 연예인들이 있지만, 그 중에서 유독 장국영(張國榮, 1956.9.12~2003.4.1)의 죽음은 우울한 죽음, 즉 아픈 죽음으로 기억된다. 만우절 날에 거짓말처럼 홀연히 떠나버린 장국영의 자살은 마치 우리의 삶이 고통이며 그러한 고통으로부터 벗어나는 길은 자살뿐이라고 말하는 것 같다. 전설적인 스타의 생이 그처럼 허망하게 끝났다는 게 슬프다. 사람들은 그가 죽었다고 했을 때 믿으려 하지 않았다. 팬들은 그렇게 허망하게 죽을 사람이라고 전혀 생각하지 않았다. 하지만 그는 죽었다. 그것도 투신해서 말이다. 영화 속에 비친 그를 볼 때마다 팬들은 마음의 허전함을 가질 것이다. 그의 죽음은 아픈 고통을 준다.

내가 장국영을 처음 본 것은 TV 속 한 초콜릿 광고였다. 어렸을 때 보았던 기억 속 광고의 내용은 장국영이 직접 부른 〈투유〉 노래에 맞춰 그가 빗속을 뛰어다니며 사랑하는 여인을 찾는 것이었다. 그때 보았던 광고 속 한 남자는 잘생겼다는 인상을 강하게 주었다. 그리고 애절하게 자신의 연인을 찾는다는 점이 마음에 남았다. 어렸을 때 그 광고를 보고 가사도 정확히 모른 채

장국영
1997년 콘서트에서 공연 중인 장국영(출처:
ⓒRubyran, https://commons.wikimedia.org/
wiki/File:Leslie_Cheung.jpg, CC BY-SA 2.0)

그냥 "투유, 투유~" 하며 흥얼거렸던 기억이 있다. 그땐 장국영이 홍콩 영화배우라는 사실을 몰랐다. 주윤발이 광고에서 "사랑해요 밀키스!"라고 말할 때 나는 그가 한국 사람인 줄 알았다.

다시 장국영을 보게 된 것은 친구네 집에서였다. 어렸을 적 비디오 기기가 흔치 않던 시절, 나는 동네에서 좀 산다는 친구 집에서 우연히 〈영웅본색〉을 비디오로 보았다. 그때 처음으로 주윤발과 장국영이 나오는 다른 언어를 사용한다는 사실을 알았다. 그리고 홍콩이라는 나라가 있다는 것과 이들이 그 나라의 영화배우라는 사실에 놀랐던 기억도 있다. 영화는 꽤 재미있었다. 영화를 본 후 친구들과 함께 이쑤시개를 입에 물고 비비탄 총을 들고 동네를 누비고 다녔던 기억이 아직도 생생하다.

장국영은 나의 성장과 함께 했던 배우였다. 나는 장국영이라는 영화배우를 극성맞게 좋아하진 않았다. 그가 나온 영화를 모두 보거나, 그가 부른 노래들을 즐겨 듣지 않았다. 그럼에도 불구하고 장국영은 나와 함께였다고 생각한다. 그는 늘 곁에 있는 배우였다. 그는 내가 굳이 찾지 않아도 늘 다양한 모습으로 영화를 통해 자신을 보여줬다. 그래서일까 장국영은 당연하게 우리 곁을 떠나지 않을 배우라고 보았던 것 같다. 그를 영화에서 처음 보았을 때, 즉 〈영웅본색〉에서 장국영은 슬프지만 멋있게 죽는 사람이었다. 지금은 두 딸아이의 아빠라서 그런지 전화 부스에서 출산한 아내에게 아이의 이름을 지어주며 죽었던 그의 모습은 더 슬프게 기억된다.

　나의 성장 과정에서 장국영은 다양한 모습으로 함께 했다. 나는 〈천녀유혼〉에서 그가 물속에서 왕조현과 키스하는 장면을 여전히 기억한다. 어렸을 적 인상 깊이 보았던 두 개의 키스 장면이 있다면, MBC에서 방영한 드라마 〈여명의 눈동자〉에서 채시라와 최재성 배우가 철조망 사이로 보여줬던 키스신이고, 다른 하나는 〈천녀유혼〉의 키스신이다. 나는 장국영을 통해 '도둑도 통쾌할 수 있구나'라고 생각한 적이 있다. 〈종횡사해〉는 내게 우리나라 영화 〈도둑들〉보다 더 일찍 도둑의 사랑과 우정을 보여줬다. 장국영은 주윤발과 함께 귀중품을 기발하면서도 긴장감 넘치게 훔치는 자, 사랑을 위해 배신하는 자였다. 〈아비정전〉에서 장국영은 속옷차림으로 맘보춤을 추는 바람둥이 독신주의자로서, 허무한 삶과 사랑을 보여주었다. 그는 자신을 '발 없는 새'라고 생각하며 그 어느 곳에도 정착하지 못하는 황폐한 삶을 아비의 모습으로 느끼게 해주었다. 〈아비정전〉의 느린 전개 속도와 답답한 태도로 일관된 장국영의 극 중 모습은 "뭐 저렇게 살지?"라는 생각을 멈추지 않게 하였다. 영화에서 장국영은 '아비' 그 자체였다.

나는 〈패왕별희〉를 통해 중국의 근현대사를 간접적으로 알 수 있었다. 장국영이 연기한 '두지'의 역할은 역사의 혼란 끝에 비극적으로 삶을 마감하는 인간의 모습을 눈을 뗄 틈도 없이 바라보게 했다. 〈해피투게더〉에서 '보영'의 역을 맡은 장국영은 양조위와 함께 탱고를 추었다. 그가 췄던 탱고는 자유로운 영혼으로서 성별과 관계없는 사랑의 모습을 드러냈다. 영화를 보면서 나도 언젠가 아르헨티나로 가고 싶다는 생각을 했는데, 그곳에서는 뭔가 고독한 자유를 만끽할 수 있을 것 같았다. 나는 장국영이 출연했던 그 외의 다른 영화들 가령, 〈색정남녀〉, 〈성월동화〉, 〈이도공간〉 등을 여전히 기억한다. 장국영은 60편 이상의 영화에 출연했었다. 이 모든 영화들을 다 보지는 못했다. 하지만 나는 각 영화마다 장국영은 그 영화에 맞는 모습으로 연기했을 것이라고 확신한다.

장국영은 수많은 영화에 출연함으로써 수많은 모습으로 자신을 알렸다. 그의 연기는 탁월했으며, 극중 배우의 모습 그 자체를 보여줬다. 장국영은 영화를 통해 경험해 보지 못했던 세상을 간접적으로 체험할 수 있게 했다. 그는 영화를 통해 기쁨과 슬픔을 선사했으며, 어떤 때에는 사유하게도 만들었다. 그는 성인이 되어 철학을 전공한 내게 여전히 영화로 말을 걸어왔다. 그리고 그는 언제든 또 다시 다른 모습으로 나의 곁을 찾아올 거라 생각했다. 그는 배우로서 홍콩영화에 늘 있었다. 자연스럽고 당연한 것, 그러니까 홍콩영화에서 장국영은 늘 곁에서 당연하게 함께하는 배우였다. 그래서 그가 살아 있을 때까지 나는 그가 없는 홍콩영화를 생각해 본 적이 없었다. 홍콩영화는 장국영을 조건반사적으로 떠올리게 했다.

그런 그가 거짓말처럼 홀연히 떠났다고 전해 들었을 때 나는 도무지 믿을 수가 없었다. 그 날은 4월 1일 이었기에 더 그랬다. 아마도 많은 사람들은 장국영의 사망 소식을 듣고 내던진 첫말이 "정말?"일 것이다. 나는 그의 요절 소식을 그저 짓궂은 농담이라고 생각했다. 하지만 장국영은 만우절 날 거짓말처럼 정말로 떠났다. 그런 그의 새로운 모습을 이제는 보지 못한다고 생각하니 안타까움이 스며들었고 이내 아픈 슬픔으로 다가왔다. "왜?", "도대체 왜?"가 기계적으로 튀어나왔다.

그가 이제는 더 이상 없다는 사실에 허망한 마음이 부풀어 올랐다. 장국영의 죽음이 적어도 나에겐 그랬다. 장국영은 당연히 곁에 있는 배우였기에, 나의 성장과정에서 희로애락을 나눠준 배우였기에 그의 비보는 더욱 슬프고 아프게 느껴졌다. 나에게 장국영은 당연한 무언가의 상실을 알려줬다. 함께 추억을 만든 연인과의 영원한 이별과도 같은 그의 죽음. 나의 삶과 함께 했던 그의 상실은 슬픔 그 자체였다.

장국영의 슬픈 죽음

살아생전 장국영은 영화배우이기도 했지만, 가수로서, 감독으로서 작곡가로서 활동을 했다. 장국영은 자신이 진정으로 목표로 삼는 것은 '가수로서의 성공'이었다고 한다. 그런 그의 염원은 생전에 이뤄진 것으로 보인다. 1980~90년대를 대표하는 홍콩의 최고 3대 가수로 매염방, 알란 탐과 함께 장국영이 꼽힌다. 그는 1999년에 제23회 '십대중문금곡 금침상' 시상식에서 홍콩 음악계의 최고의 가수에게 수영한다는 '금침상'을 수상했다. 내게 장국영은 가수의 모습은 아니었다. 다만, 가수로 활동을 했고 성공했다는 점은 그가 훌륭한 엔터테이너였음 증명한 것이리라.

장국영은 천안문 사태에 대해서도 중국 정부를 비판하는 소신 있는 태도를 보였다고 한다. 게다가 중국 삼합회에 대해서도 쓴소리를, 부정적 입장을 견지했다고 하는데, 힘 있는 자들에게 미운털이 박혀서일까 그는 1990년 연예계를 돌연 은퇴하겠다고

장국영
장국영의 투신 장소인 만다린 오리엔탈 홍
콩 호텔에서 장국영 사망 8주기를 기념하
여 팬들이 배치한 화환(출처: ⓒLancer1210,
https://commons.wikimedia.org/wiki/
File:Leslie2011.jpg, CC BY-SA 3.0)

선언하고 캐나다로 이민을 간다. 하지만 그는 다시 영화배우로, 가수로 돌아와서 활동을 한다. 컴백한 후 그는 〈아비정전〉(1990), 〈종횡사해〉(1991), 〈패왕별희〉(1993), 〈동사서독〉(1994), 〈색정남녀〉(1996), 〈성월동화〉(1999), 〈이도공간〉(2002) 등에 출연하며 팬들에게 많은 사랑을 받았다. 이러한 사랑에도 불구하고 장국영은 〈이도공간〉을 유작으로 남긴 채 2003년 4월 1일 홍콩 만다린 오리엔탈 호텔 24층에서 투신하여 생을 마감한다. 그 이후 빅토리아 항구를 등지고, 홍콩 시청을 마주보고 있는 이 호텔로 매년 수많은 팬들은 장국영을 추모하기 위해 모인다.

장국영의 투신자살에 대해 사람들은 여전히 의문을 갖고 있는데, 대표적인 의문으로는 삼합회의 살해설, 중국 정부의 살해설, 그리고 동성 애인으로 알려진 당학덕의 살해설이 있다. 특히 당학덕은 오늘날까지도 장국영의 유산 상속자로서 엄청난 유산을 노리고 장국영을 죽음으로 내몰았다고 의심받는다. 장국영이 타살되었다고 보는 이유는 그의 유서의 전문이 여전히 공개되지 않은 점과, 자살하기 전날까지도 그가 아무런 문제없이 스케줄을 소화했다는 점에 있다. 그의 자살의 동기를 알 수 없기에 그의 죽음은 더욱 묘연하다.

많은 사람들에게 알려졌듯, 살해설 외 장국영의 자살의 원인으로 우울증이 있다. 공식적으로 장국영의 죽음의 가장 큰 원인은 우울증이라고 한다. 그의 조카가 장국영의 사망 날 밝혔듯, 그는 평소에 우울증을 앓고 있었다. 살아생전 장국영이 만성적인 우울증을 앓았다는 많은 증거와 정황들이 있다고 한다. 글을 쓰는 나 역시 우울증으로 어느 날 갑자기 생을 달리한 사람을 두 명이나 경험한 바가 있다. 이들과 장국영의 공통점은 느닷없이 자살한다는 것이다. 그래서 나는 갑자기 자살한 장국영의 선택이 우울증 때문이라는 점을 어느 정도 이해한다.

장국영은 우울증을 앓는 아픈 사람이었다. 그는 살아서도 아팠고 죽어서도 아픔을 남겼다. 그런 그의 죽음은 아픈 죽음이다. 그가 죽은 지 20년이 다 되어 가지만 여전히 그의 죽음은 많은 이들을 아프게 한다. 앞서 나는 완벽하게 고통을 피할 수 없는 게 인생이라고 하였다. 사람은 어떻게든 고통을 마주하려고 하지 않는데, 왜냐하면 고통은 아픔, 괴로움, 분노, 등 우리가 싫어하는 기분이나 몸의 상태를 낳기 때문이다. 설령, 고통에 부닥칠 수밖에 없다고 해도 고통을 최소화하려는 게 사람이다. 장국영도 마찬가지였을 것이다. 그는 아프고 싶지 않았을 것이다. 그런 소망과 함께 탈출구로서 죽음을 선택했던 게 아닐까?

장국영
2006년 4월 1일 장국영의 기일을 맞아 홍콩 코넛플레이스에서 고인을 추모하고 있는 팬들(출처: https://commons.wikimedia.org/wiki/File:HK_LeslieCheung_60401.jpg, CC BY-SA 2.5)

아픔에서 다시 삶으로

다양한 고통이 도처에서 우리를 기다리고 있어도 어떤 사람은 결코 죽음을 택하지 않는다. 고통으로부터 비켜서고 싶어도 죽음이라는 극단적 선택을 취하지 않는다. 물론 혹자는 고통을 전혀 느껴본 적이 없다고, 삶은 기쁘기만 한 것이라고, 혹은 고통 자체를 쾌락의 수단으로서 즐긴다고 말할 수 있다. 자발적으로 스스로에게 고통을 입히는 경우도 있다. 그럼에도 불구하고 나는 죽음을 결코 피할 수 없는 게 인간이기에, 삶은 필연적으로 고통을 동반한다고 본다. 죽음에 대한 불안은 누구든 고통스럽게 한다. 설령 그러한 불안을 느끼지 못한다고 해도, 이는 그러한 불안이 부재하는 것을 증명한 게 아니다. 불안을 덮어두고 애써 모른 척할 뿐이리라. 죽음은 모든 사람에게 평등하다. 죽음은 사람의 의지와 무관하게 생의 마감으로 끌어당긴다. 모든 사람은 죽는다.

생이 끝나는 날까지 고통 없이 즐거운 삶이었다고 해도 나의 죽음은 나를 기억하는 사람들을 고통스럽게 한다. 누구든 홀로 살아갈 수 없기에 고통은 우리와 함께 한다. 생의 시작부터 마지막까지 우리는 늘 다른 사람과 함께 살아갈 수밖에 없다. 그렇기에 나에게만 고통이 없다고 해서 고통이 사라진 게 아니다. 우리는 함께 기억하며 살아가는 존재이기 때문에 고통의 부재를 단언할 수 없다.

장국영은 나의 삶과 함께 했다. 그래서 장국영의 죽음은 나에게 슬픈 고통이다. 그의 죽음을 떠올릴 때마다 우울은 상기된다. 그를 더 이상 볼 수 없다는 사실은 여전히 마음을 허전하게 한다. 그의 죽음은 그가 '아비'와 같이 살았던 게 아닐까? 그의 삶은 '두지'처럼 수많은 풍파를 경험했던 게 아니었을까? 그의 사랑은 '보영'처럼 쓸쓸하고 우울했던 것은 아닐까?를 생각하게 한다. 그의 죽음은 수려한 외모에서도 그의 눈빛은 우울했음을 발견하게 하며, 그가 내뱉은 영화 속 대사가 자신이 토로하고 싶었던 마음이었음을 믿게 한다. 그래서 장국영의 죽음은 일회적 사건으로서 끝나지 않는다. 그것은 현재 진행형이다. 그를 떠올릴 때면 그의 아픔이 전달되는 기분이다. 그가 겪었을 법한 쓸쓸한 고독의 우울함이 나에게 전해지는 기분. 그래서 그의 죽음은 아프다. 장국영의 죽음은 아픈 죽음이다.

장국영의 아픈 죽음을 회상함으로써 우리는 적어도 아픔을 남기지 않으리라 생각할 수 있다. 왜냐하면 아픈 죽음은 고통을 남기기 때문이다. 그런 점에서 그는 삶을 살아간다는 게 중요하다는 사실을 죽음으로 표현했다. 삶이 고통이라서, 아픔을 피할 수 없어서, 고통스런 죽음을 택한다면, 이는 살아있는 자에게 가혹한 기억을 남기는 처사이다. 오히려 고통의 탈출구로서 죽음을 쉽게 생각하거나 선택하지 말아야 한다. 생존본능은 우리에게 고통을 피하라고 요구한다.

우리는 삶의 마지막을 존엄하게 선택하고 싶어 한다. 나를 기억해줄 사람들에게 품위 있는 모습을 마지막까지 보여주고 싶은 게 인간의 마음 아닐까. '웰-다잉'에 대한 관심이 높은 이유도 여기에 있다. 어쩜 장국영의 아픈 죽음은 고통스러운 삶임에도 마지막까지 삶의 소중함을 잃지 말 것을 역설하고 있다. 그는 마지막 순간에 '발 없는 새'처럼 어디에서도 안식을 찾지 못해 고통스러워하는 자신을 보며 괴로웠을 것이다. 그래서 더 나은 삶을 염원하며 자유를 향해 비상한 것일 수 있다. 그런 죽음의 선택이 오히려 자신의 삶을 소중하게 지키는 것이라고 말이다. 하지만 그의 죽음은 그가 원했을 법한 바람과는 달리, 우리에게 슬픔과 공허함, 우울한 기운만을 남겼다. 그래서 그의 죽음은 더욱 치열하게 살아야겠다고 생각하게 만든다. 그의 죽음은 아프기에, 살아 있는 자들을 아프게 만들기 때문에 슬프지 않을 삶이 무엇인지를 돌아보게 한다.

이상덕: 경희대학교 인문학연구원 HK+통합의료인문학연구단 HK교수. 고려대학교 서양사학과를 나와 동대학원에서 서양고대사 석사를 받았다. 영국 옥스퍼드 대학교에서 고전고고학 석사를 받고, 런던 킹스 칼리지(King's College, London)에서 고전학 박사를 받았다. 주요 논문으로 "Amphiaraos, the Healer and Protector of Attika", 「영미 의료사의 연구동향: 1990-2019」 등이 있다.

조태구: 경희대학교 인문학연구원 HK+통합의료인문학연구단 HK연구교수. 파리-낭테르대학(파리10대학)에서 철학 박사 학위를 받았다. 프랑스 정신주의와 프랑스 현상학을 중심으로 생명에 대해 탐구했다. 현재는 의학이라는 인간 고유의 활동을 통해 인간의 삶과 생명에 대해 질문하고 있다. 주요 저서와 논문으로 『의철학 연구 - 동서양의 질병관과 그 경계』(공저), 「미셸 앙리의 구체적 주체성과 몸의 현상학」, 「데카르트, 후설 그리고 앙리 - 미셸 앙리의 데카르트 '코기토'에 대한 해석과 질료 현상학」「반이데올로기적 이데올리기 - 의철학의 가능성 논쟁: 부어스와 엥겔하르트를 중심으로」, 「코로나19와 혐오의 시대 - '올드 노멀(old normal)'을 꿈꾸며」 등이 있다.

최성민: 경희대학교 인문학연구원 HK+통합의료인문학연구단 HK연

구교수. 서강대학교에서 문학사, 문학석사, 문학박사 학위를 받았다. 2004년 세계일보 신춘문예 문학평론부문에 당선되어 문학평론가로 활동했다. 연세대학교 박사 후 연구원으로 있으면서 디지털 게임 서사를 연구했고, 서강대학교에서 대우교수로 재직하며 문학과 교양 강의들을 담당했다. 최근에는 문학과 다양한 미디어 서사 텍스트들을 통해 의료인문학의 연구 범위를 확장시키고 대중화시키기 위해 노력 중이다. 주요 저서로 『다매체 시대의 문학이론과 비평』, 『근대서사텍스트와 미디어 테크놀로지』, 『화병의 인문학: 근현대편』(공저) 등이 있고, 「판타지의 리얼리티 전략과 서사적 감염」, 「한국 의학드라마 연구 현황과 전망」, 「융합 시대 글쓰기 교육의 과제」 등의 논문이 있다.

최우석: 경희대학교 인문학연구원 HK+통합의료인문학연구단 HK연구교수. 서강대학교를 나와 경희대학교에서 철학 박사 학위를 받았다. 미국 포담대학과 벨기에 루벵대학 초청방문학자 연수를 했으며 현재 현상학이라는 철학으로 건강과 질병, 죽음에 대해 탐구하고 있다. 주요 논문으로 「'의료인'의 의무윤리와 덕윤리의 상보적 이해: 펠레그리노를 중심으로」, 「후설의 후기 윤리학의 '인격자' 이해」, 「의료인의 태도와 현상학」 등이 있다.

경희대학교 인문학연구원 / HK+통합의료인문학연구단 / 통합의료인문학문고03

어떤 죽음——죽음에 대한 인문학 이야기: 연예인편

등록 1994.7.1 제1-1071
1쇄 발행 2022년 1월 25일

기 획 경희대학교 인문학연구원 HK+통합의료인문학연구단
지은이 이상덕 조태구 최성민 최우석
펴낸이 박길수
편집장 소경희
편 집 조영준
관 리 위현정
디자인 이주향
펴낸곳 도서출판 모시는사람들
       03147 서울시 종로구 삼일대로 457(경운동 수운회관) 1207호
전 화 02-735-7173, 02-737-7173 / 팩스 02-730-7173

인 쇄 (주)성광인쇄(031-942-4814)
배 본 문화유통북스(031-937-6100)
홈페이지 http://www.mosinsaram.com/

값은 뒤표지에 있습니다.
ISBN 979-11-6629-062-6   04000
세트   979-11-88765-98-0   04000

이 저서는 2019년 대한민국 교육부와 한국연구재단의 지원을 받아 수행된
연구임(NRF-2019S1A6A3A04058286).